Ein Hund zu Weihnachten

© Doug Clark

Über den Autor

Greg Kincaid arbeitet im Hauptberuf als Rechtsanwalt und ist auf Familienrecht spezialisiert. Zusammen mit seiner Frau lebt er auf einer Farm in Kansas, die auch drei Pferden, zwei Hunden und zwei Katzen Platz bietet. Greg Kincaid engagiert sich bei www.petfinders.com dafür, dass herrenlose Haustiere neue Besitzer finden. »Ein Hund zu Weihnachten« ist sein erster Roman.

GREG
KINCAID

Ein Hund zu Weihnachten

ROMAN

*Deutsch von
Gabriele Zigldrum*

Weltbild

Die Originalausgabe erschien 2008 unter dem Titel
A Dog Named Christmas
bei Doubleday, an imprint of The Doubleday Broadway
Publishing Group, a division of Random House, Inc., New York.

Besuchen Sie uns im Internet:
www.weltbild.de

ehmigte Lizenzausgabe für Verlagsgruppe Weltbild GmbH,
Steinerne Furt, 86167 Augsburg

Übersetzung: Gabriele Zigldrum
gestaltung: Atelier Seidel – Verlagsgrafik, Teising
lagmotiv: Katarzyna Krawiec; Jani Bryson;
Bekir Gürgen; Beata Becla
rstellung: CPI – Clausen & Bosse, Leck
Printed in the EU
ISBN 978-3-86800-458-8

13 2012 2011 2010
hl gibt die aktuelle Lizenzausgabe an.

GREG
KINCAID

Ein Hund zu Weihnachten

ROMAN

*Deutsch von
Gabriele Zigldrum*

Weltbild

Die Originalausgabe erschien 2008 unter dem Titel
A Dog Named Christmas
bei Doubleday, an imprint of The Doubleday Broadway Publishing Group, a division of Random House, Inc., New York.

Besuchen Sie uns im Internet:
www.weltbild.de

Genehmigte Lizenzausgabe für Verlagsgruppe Weltbild GmbH,
Steinerne Furt, 86167 Augsburg

Übersetzung: Gabriele Zigldrum
Umschlaggestaltung: Atelier Seidel – Verlagsgrafik, Teising
Umschlagmotiv: Katarzyna Krawiec; Jani Bryson;
Bekir Gürgen; Beata Becla
Gesamtherstellung: CPI – Clausen & Bosse, Leck
Printed in the EU
ISBN 978-3-86800-458-8

2013 2012 2011 2010
Die letzte Jahreszahl gibt die aktuelle Lizenzausgabe an.

Dieses Buch ist meiner Frau gewidmet.
Sie hat mir so vieles beigebracht.
Vor allem hat sie mir klargemacht,
was für ein Segen ein treuer Hund sein kann.

PROLOG

Jake schien sich bei den Conners wohl zu fühlen, und doch war sein Abschied vorauszusehen. Mr und Mrs Conner wohnten am Rande einer wachsenden Stadt, wo die kleinen Parzellen in riesige Grundstücke übergehen und die Leute allzu oft ihre leeren Bierdosen, Fastfood-Verpackungen und unerwünschten Haustiere entsorgen.

Jake lief immer weiter, verwahrlost, halb verhungert und ohne Hundemarke. Mr Conner fand ihn eines Tages im Februar auf der Veranda hinter dem Haus, wo er sich ausruhte. Der eiskalte Wind türmte den Schnee in der Auffahrt des bescheidenen Farmhauses hoch auf. Sie gaben Jake etwas zu fressen, bürsteten ihm das Fell und ließen ihn impfen. Dann warteten sie einfach ab. Sie hängten Flugblätter mit der Überschrift »Hund zugelaufen« auf, aber es meldete sich niemand.

Ein Streuner wie Jake ist kein normales Haustier, das man sich anschafft. Ein zugelaufener Hund kann einfach wieder davonlaufen, sagten sich die Conners.

Die Wochen vergingen, und Jake blieb. Mr und Mrs Conner konnten nicht verstehen, wie man einen solchen

Hund aussetzen konnte. Der Tierarzt hatte ihnen zwar bestätigt, dass Jake schon etwas älter war, aber er war einer der bezauberndsten Hunde, die die Conners je erlebt hatten. Er war aufmerksam, eifrig, stubenrein, gut erzogen und beherrschte die Kommandos Sitz, Platz und Bleib. Er war ein guter Kamerad und blieb immer in der Nähe, ohne sich aufzudrängen. Außerdem war er neugierig und lernte schnell.

Jake blieb den ganzen Sommer, nahm an Gewicht zu und gewann immer mehr Vertrauen in seine Umgebung. Doch als der Herbst kam und er wieder ganz zu Kräften gekommen war, wirkte er auf einmal ruhelos, wie ein Pionier, der sein eigenes Land erobern will. Immer öfter lief er abends fort und blieb tagelang verschwunden, einmal sogar eine ganze Woche. Seine Streifzüge wurden immer ausgedehnter. Die Conners versuchten es mit Zäunen, banden ihn an und sperrten ihn sogar abends ins Haus, aber Jake ließ sich einfach nicht halten. In einer Vollmondnacht, als sich der erste Frost auf das noch grüne Gras legte, verließ Jake die Conners, um zu tun, was er tun musste.

Natürlich wurde viel spekuliert. Am wahrscheinlichsten schien es Mr Conner zu sein, dass Jake nach Hause gelaufen war, wo auch immer das sein mochte: Mrs Conner vermutete, dass ihn eine listige Hündin fortgelockt hatte. Die inzwischen erwachsenen Kinder der Conners dachten, dass er vielleicht eine Familie mit kleinen Kindern gefunden hatte, die mit ihm spielten, so wie ihre eigenen Kinder, wenn sie an den Wochenenden zu Besuch bei den Großeltern waren. Die ersten Tage waren die Conners zwar traurig, machten sich aber keine Sorgen. Jake war ein wichtiger Teil ihrer Familie gewesen, aber sie nahmen an, dass er seinen eigenen Regeln folgte. Als aus den Tagen Wochen und aus den Wochen Monate wurden, erschien ihnen Jakes Verschwinden ganz natürlich, und sie fanden sich damit ab. Ein Streuner kann auch einfach wieder verschwinden, sagten sie sich.

Wenn sie an ihn dachten, sagten sie etwa: »Er hat noch etwas zu erledigen. Wenn er will, wird er von selbst zurückkommen.«

Als der Winter kam, war die Erinnerung an Jake bereits zu einem verblichenen Foto aus dem Familienalbum geworden. Manchmal erzählten sie sich beim Abendessen Geschichten, die sie mit ihm erlebt hatten, und lachten. Einmal hatte ein Nachbar ihn bis in die Einfahrt ihres Hauses verfolgt und versucht, eine riesige schwarze Mülltüte zurückzuerobern, die Jake stolz im Maul hielt. Ein andermal war er einem Hasen bis auf einen zugefrorenen Weiher nachgejagt und dort herumgewirbelt wie ein Eiskunstläufer bei den Olympischen Spielen. Der Hase war stehen geblieben und hatte zugesehen, als würde er Jake auslachen. Auch Jake schien die Sache Spaß gemacht zu haben, denn er war aufgesprungen und hatte es noch einmal versucht, mit dem gleichen Ergebnis.

Wenn Mrs Conner an Jake dachte, wurde sie oft ganz

still. Dann sagte Mr Conner so was wie: »Reich mir bitte die Kartoffeln … ich bin sicher, dass es ihm gut geht.«

Jake hielt sich nach Westen, als er von den Conners und aus der Stadt fortlief. Es war schön, ein Streuner zu sein. Er war niemandem etwas schuldig. Er genoss eine Freiheit, die sich nur wenige zutrauen. Er schlief unter dem Sternenhimmel, unter Brücken, in Höhlen, auf Wiesen, hinter einem Baumstumpf verborgen oder auf der Veranda einer wohlwollenden Seele, die sich nicht an einem Landstreicher störte. Er fraß Dinge, die nicht unbedingt als Hundefutter geeignet waren. Er tat, was er tun musste, um sich zu ernähren. Dazu verfeinerte er seine Instinkte, die tief in ihm schlummerten. Er schärfte sein Gehör, sein Geruchssinn wurde feiner, und er nahm Bewegungen wahr, die ihm in seiner Zeit als Haustier entgangen wären.

Er jagte wie ein wildes Tier. Er wartete. Er lief immer weiter. Er wusste nicht, wie lange es dauern würde oder wie weit er laufen müsste. Wenn er sein Ziel erreicht hätte, würde er es wissen. Er überließ sich vollkommen seinen Instinkten.

Ähnlich wie Gänse, Lachse und manche Schmetterlinge zog es Jake zu einem ganz bestimmten Ort. Oft war es gefährlich. Er kam durch unfreundliche Gegenden, wo die Bewohner ihm auf ihre eigene Art klarmachten, dass einer wie er unerwünscht war. Sie würdigten ihn kaum eines Blickes und taten, als ob er Luft wäre. Sie fürchteten, dass ein we-

nig Freundlichkeit ihn nur zum Bleiben ermutigen könnte und sie ihn dann nie mehr loswürden.

Wenn sie ihn nicht einfach ignorierten, drückten sie sich deutlicher aus. Einmal warf ein Mann einen Stein nach ihm. Als ihn ein paar junge Kerle in einem Auto eines Abends am Straßenrand entlanglaufen sahen, hielten sie genau auf ihn zu, als würde es ihnen Spaß machen, ihn zur Seite springen zu sehen. Jake blieb unverletzt, aber die Botschaft war eindeutig. Er musste weiter, immer nach Westen.

Auch das Tierreich meinte es nicht gut mit ihm: Hunde verbellten ihn, Stinktiere sprühten ihn an, er wurde von Zecken gebissen, und Dornenhecken zerkratzten seine Flanken. Trotzdem lief er immer weiter, denn er wusste, dass er sein Ziel noch nicht erreicht hatte.

Solche Zwischenfälle störten Jake wenig. Er war glücklich und zufrieden. Wenn er am Morgen aufwachte und sich streckte, spürte er seine müden Knochen, aber er hatte sich nie besser gefühlt. Er hatte ein schönes Leben, und Mühsal gehörte eben dazu. Für Mensch und Tier kann es keinen größeren Seelenfrieden geben, als nach der eigenen Bestimmung zu leben. Diese Harmonie von Existenz und Sinn ist so selten, dass wir vergessen haben, dass es sie gibt. Nicht so Jake. Und insbesondere nicht an diesem Tag.

Als die Sonne mittags ihren höchsten Punkt erreicht hatte, ruhte sich Jake auf einem bewaldeten Hügel aus und beobachtete, wie ein junger Mann mit leuchtend roten Turnschuhen am Ufer eines Flusses entlangwanderte. Gedan-

kenverloren warf er dabei ein paar Steinchen auf die dünne Eisschicht des Kill Creek, wie die einheimischen Indianer dieses Gewässer unverblümt genannt hatten, in Anspielung auf die üppigen Jagdgründe voller Leben und Tod, die sich an seinen Ufern ausbreiteten.

Er beobachtete den jungen Mann und spürte ein unbestimmtes Gefühl der Erleichterung und Vertrautheit. Dennoch blieb er liegen und wartete erst einmal ab, denn er witterte, dass irgendetwas nicht stimmte. Als der Mann vorbeigegangen war, trottete Jake zum Fluss hinunter und trank in tiefen Zügen das kalte Wasser, das der Regen am Vortag gebracht hatte. Gerüche tanzten am Ufer entlang, von Wildblumen, süßem Heu, altem Eichenholz und nassem Moos, das auf Kalksteinboden wächst. Dann war da noch ein fremder, ungewohnt herber Duft, den er nicht zuordnen konnte. Gerade versuchte er den Duft genauer zu bestimmen, als er ein kaum hörbares Geräusch wahrnahm. Er fuhr herum und sah, wie ein Schatten im dichten Wald von Hickory- und Redbud-Bäumen, Walnusssträuchern und Eichen verschwand, der an den Fluss grenzte. Jake schlich zu den Bäumen, und der Duft wurde stärker. Dann fand er die Spuren und begriff blitzschnell. Es waren die Spuren einer Katze. Einer riesigen Katze. Diese Begegnung wollte er lieber vermeiden. Er würde nicht warten, bis der Mann zurückkam. In der Ferne hörte er das Geräusch von Automotoren, das schrille Pfeifen der Eisenbahn, Hundegebell, Kirchenglocken und Kinderlachen.

Jake blieb stehen und hielt nach dem Mann mit den leuchtend roten Turnschuhen Ausschau, dann wandte er sich den Geräuschen der Stadt zu, in der Hoffnung, endlich das zu finden, wonach er eigentlich suchte. Was es auch immer war, was ihn anzog – es wurde stärker, intensiver, und es war ganz in der Nähe.

EINS

Ich blicke inzwischen eher zurück als in die Zukunft, lasse die Jahre vor meinem inneren Auge vorüberziehen und verweile bei den wichtigen Ereignissen in meinem Leben. Vielleicht bin ich eine Ausnahme, aber mal abgesehen von gelegentlicher Traurigkeit, wie sie jeder von uns kennt, kann ich nicht über irgendwelche größeren Enttäuschungen klagen. Ganz im Gegenteil, ich habe jede Menge schöne Erinnerungen und kann auf viele bereichernde Erfahrungen zurückblicken. Jeder von uns hat Schlüsselerlebnisse in seinem Leben. In meinem Fall war das ein auf den ersten Blick perfektes Weihnachtsfest.

Vier meiner fünf Kinder, drei Jungen und eine Tochter, sind inzwischen erwachsen und stehen im Berufsleben, aber sie wohnen alle noch in der Nähe der alten Farm, die wir seit vier Generationen unser Zuhause nennen. An den Feiertagen kommen sie zurück, manchmal auch zum Abendessen, holen sich einen ungefragten Ratschlag ab, leihen sich Werkzeug aus oder sitzen einfach nur ruhig auf der Veranda, strecken ihre Beine über das Geländer und lauschen den Geräuschen der Farm, die uns auch in den schlechtesten Zeiten aufmuntern. Sie sind hier auf dem Land aufgewachsen, das mein Ururgroßvater von den Blackfoot-Indianern gekauft hat. Südlich von unserem Haus haben sich Schwertlilien über den Waldboden ausgebreitet und die Überreste seiner ersten Hütte zugedeckt. Wir haben nur gute Erinnerungen an diese Farm.

Mary Ann, meine Frau, unterrichtet Englisch und Rhetorik an der Crossing Trails High School, wo alle vier Generationen der McCrays ihren Abschluss gemacht haben. Die beiden letzten Generationen wurden von einem Schulbus verwöhnt. Die beiden ersten mussten die acht Meilen hin und zurück auf dem Pferderücken zurücklegen und erzählten oft und gerne von diesen mühsamen Wegen.

Und dann ist da noch Todd, mein Jüngster. An jenem Weihnachtsfest wäre er zwar alt genug gewesen, um auf eigenen Füßen zu stehen und einen Job anzunehmen wie seine Geschwister. Aber seine Unmündigkeit, eine natürliche Folge seiner Behinderung, hielt ihn zuhause bei seiner Mutter und mir.

Todd sah wie jeder andere gesunde Zwanzigjährige aus, aber er hatte seinen eigenen Kopf. Man musste ihm nur zusehen oder kurz mit ihm reden, um zu merken, dass irgendetwas an ihm anders war. Wir haben in all den Jahren manchen verstohlenen Blick und so manches

Geflüster hingenommen und lernten mit der Zeit, uns nichts daraus zu machen. Wir liebten unser jüngstes Kind genau so, wie es war. Er war ein Nachzügler und kam gut zehn Jahre, nachdem wir eigentlich schon mit dem Thema Windeln abgeschlossen hatten. Mary Ann, mit der ich seit beinahe vierzig Jahren verheiratet bin, quält sich mit dem Vorwurf, dass Todds Probleme mit ihrer späten Schwangerschaft zusammenhingen.

Ich habe inzwischen erkannt, dass es für jede Unzulänglichkeit, die man an Todd entdecken mag, eine besondere Fähigkeit gibt, die man nicht gleich sieht.

Todd hatte seine Hände immer in den Hosentaschen vergraben und schien nie genau zu wissen, in welche Richtung er gehen sollte, wenn er aus der Tür trat. Seine Kleider passten nur selten zusammen, und sein Haar, das die Farbe eines sonnengebleichten Lassos hatte, war voller Wirbel und Locken. Manchmal saß er einen ganzen Tag lang neben einer Schafherde und sah einfach nur den Tieren zu. An anderen Tagen kam er zufällig an einem Fluss vorbei und folgte ihm flussaufwärts auf der Suche nach der Quelle. Er konnte sie nie finden, was ihn aber nicht davon abhielt, es immer wieder zu versuchen.

Todd liebte Malerarbeiten. Er strich jedes Gebäude an, vor das ich ihn stellte. Aber die Sache hatte einen Haken. Seine Mutter hatte Angst, dass er vergessen könnte, auf einer Leiter zu stehen, hinunterfallen und sich verletzen könnte. Wir hatten ihm streng verboten, höher als auf die dritte Sprosse zu klettern, sodass viele Streichprojekte halb vollendet blieben.

Zu allem Überfluss schienen unsere Nachbarn Spaß daran zu haben, Todd ihre Farbreste zu überlassen. Auch wenn das nett gemeint war, so führte es doch selten zu harmonischen Farbergebnissen. Unsere Farm war mit Farbresten angepinselt, die andere sonst ausgemustert hätten – oft aus gutem Grund. Aber auch hier gewöhnten wir uns an die Gaffer, und niemand amüsierte sich mehr über die Außenansicht unseres Hauses als wir. Wir sagten uns immer, dass das ja nur die Vorstreichfarbe sei, die wir irgendwann übertünchen würden, aber wie so oft bei Hässlichkeiten, nahmen wir sie nach einiger Zeit gar nicht mehr wahr. Wenn Leute an unserem Haus vorbeikamen, erzählten wir stolz, dass wir das Testzentrum der Firma Todd-Farben im Mittleren Westen wären.

Todd redete nicht viel, außer wenn ihm etwas sehr wichtig war. Aber er pfiff jede Melodie, die er irgendwann im Radio, seinem Freund und treuen Gefährten, gehört hatte, auswendig und falsch nach. Ich musste ihn immer bitten, die Kopfhörer abzunehmen, damit ich mit ihm reden konnte. Er folgte der Aufforderung gerne, nahm sie aber von sich aus nur ganz selten ab.

Das Wichtigste in Todds Leben war seine Beziehung zu Tieren. Er kümmerte sich um sie, zog sie auf, liebte sie und lachte mit ihnen. Ich bin den ganzen Tag draußen und versorge meine Tiere. Nach Feierabend möchte ich die Arbeit hinter mir lassen, deswegen versuche ich, alle Tiere aus meinem Haus fernzuhalten. Aber wann immer ein Tier in eine Lattenkiste, einen Handwagen, einen kleinen oder einen großen Stall passte, versuchte Todd, es in unserem Schuppen oder in der Garage unterzubringen und in den meisten Fällen auch in sein Zimmer zu schmuggeln. Das war bei Eichhörnchen, Hasen und Vogeljungen in Ordnung, schwierig wurde es bei Stinktieren, Schlangen und Kröten. Darüber hinaus herrschte in Todds Zimmer immer schreckliche Unordnung, sodass sich alle möglichen Arten von ungeladenen Gästen perfekt tarnen konnten.

Als er älter wurde, sah Todd endlich ein, dass er wilden Tieren ihre Freiheit zurückgeben musste. Alles andere wäre grausam gewesen. Einzige Ausnahme waren Tiere, die verletzt waren oder aus einem anderen Grund nicht für sich selbst sorgen konnten. In der Folge fand jedes verletzte, verstümmelte oder verlassene Tier aus dem ganzen Land direkt den Weg auf unsere hintere Veranda.

Wir hatten kein Geld für einen Tierarzt, und so übernahm Todd diese Rolle. Er kannte keine Zurückhaltung, wenn es darum ging, telefonisch Rat einzuholen. Oft musste ich mir einiges einfallen lassen, um ihn vom Telefon fernzuhalten.

Wenn es um seine Rettungsaktionen ging, war Todd äußerst hartnäckig. Selten wimmelte jemand ihn ab, weil er zu beschäftigt war. Die Leute redeten auch nicht aus Mitleid mit ihm. Vielmehr hatte Todd die Gabe, andere mit seinem Enthusiasmus anzustecken, und ehe man es begriff, war Todds Bedürfnis auch das eigene.

Als Erstes rief er Jim Morton, unseren Tierarzt, an, der ihm wiederum die Nummer des amerikanischen Landwirtschaftsministeriums oder des National Park Service gab, je nachdem, ob Todds aktueller Patient laufen, klettern, fliegen oder kriechen konnte. Es konnte passieren, dass man zufällig ins Zimmer kam und Todd gerade mit einem Professor für Vogelkunde an der Universität über einen gebrochenen Vogelflügel konferierte. Binnen kurzem hatte man den Eindruck, dass das gesamte amerikanische Universitätssystem Themen wie Welthungerhilfe und Quantenphysik aufgegeben hatte – schließlich war da das Problem mit Todds Vogel, dem man sofort die nötige Aufmerksamkeit widmen musste.

Todd hatte seine eigene Art, die Dinge ins Rollen zu bringen. Und wenn er das tat, ließen wir alles liegen und stehen. Was diesmal kommen sollte, traf mich allerdings vollkommen unvorbereitet.

An einem Nachmittag Anfang Dezember stürzte Todd mit seinem Radio in der Hand in unseren Schuppen und versuchte hektisch, eine Telefonnummer aufzuschreiben. Dann gab er mir den zerknitterten Zettel.

»Die ist für einen Weihnachtshund«, sagte er.

»Jetzt mal langsam, Todd. Wovon redest du?«

»Das Tierheim sucht Leute, die über die Weihnachtsfeiertage einen Hund aufnehmen.«

»Todd, die suchen ständig Leute, die einen Hund aufnehmen. Das ist ihre Aufgabe. Im Übrigen brauchen wir hier nicht noch ein Tier, und schon gar keinen Hund.«

Wir hatten seit vielen Jahren keinen Hund mehr auf der Farm gehabt, und so sollte es meiner Meinung nach auch bleiben. Meine Gründe, warum ich keinen Hund wollte, lagen in der Vergangenheit. Es war bisher immer schlecht ausgegangen, wenn ich einen Hund in mein Leben gelassen hatte, und ich wollte es auf keinen Fall noch einmal versuchen. Ich hatte zwanzig Jahre lang Todds Brüdern und seiner Schwester den Wunsch nach einem Hund abgeschlagen und sah keinen Grund, meine Haltung nun zu ändern.

»Ist ja nur über Weihnachten«, sagte Todd in einem Ton, der für seine Verhältnisse schon ziemlich streitlustig war. »Danach kann man ihn wieder zurückbringen, wenn man will. Sie haben viele Hunde, die kein Zuhause haben.«

Ich schob den Zettel in meine Hosentasche und

hoffte, Todd würde die Sache vergessen. Aber Todd beharrte auf dem Thema mit der ihm eigenen unschuldigen Hartnäckigkeit, die einem auf die Nerven fallen konnte und doch irgendwie auch liebenswert war.

»Darf ich anrufen?«, bat er, als ich gerade gehen wollte.

»Todd, es hat keinen Sinn, dort anzurufen. Wir haben das schon so oft besprochen. Es kommt kein Hund auf diese Farm. Wir müssen uns schon um so viele Tiere kümmern. Wir brauchen nicht noch mehr. Und jetzt wartet Arbeit auf uns.«

Er sah mich enttäuscht an. Ich wollte ihm Zeit geben, sich mit der Entscheidung abzufinden, denn ich wusste, dass das schwer für ihn war. »Lass uns an die Arbeit gehen, vielleicht können wir später noch mal darüber reden.«

»Dann ist es zu spät. Dann haben sie geschlossen, und alle Hunde sind weg.« Seine Stimme zitterte. Er stampfte mit dem Fuß auf und ließ den Kopf hängen. Ich wusste, dass er gleich anfangen würde zu weinen. Es war nie einfach, Todd etwas abzuschlagen.

Ich zog mein rotes Taschentuch aus meiner Jackentasche und wischte mir den Schweiß von der Stirn. Wie für uns alle war es für Todd manchmal schwer zu akzeptieren, dass er nicht immer alles haben konnte, was er wollte. Es würde Zeit brauchen, bis wir diese Sache ausgestanden hätten. Ich nahm ihn aus Spaß in den Schwitzkasten und strubbelte ihm so lange den Kopf, bis er anfing zu lachen. Dann ließ ich ihn los, fasste ihn bei den Aufschlägen seiner Jacke und sagte: »Komm schon, Todd, lass uns die Arbeit fertig machen, und dann reden wir heute Abend noch mal darüber. Diese Hunde laufen uns nicht davon, und wenn sie es täten, dann wären sie ja fein raus.«

Wir hatten einen festgelegten Arbeitsablauf. Zuerst gingen wir zu den Hühnern, kamen an dem einen oder anderen Schwein vorbei und gingen schließlich zu einem Pferch, in dem ich Kühe mit ihren Kälbern hielt. Wir fütterten die Tiere und gaben ihnen Wasser, darüber hinaus achteten wir natürlich auch darauf, ob alle Tiere gesund waren. Man kann bei einem Huhn nicht Fieber messen, und eine Kuh niest nicht, wenn sie krank ist. Man muss merken, ob etwas nicht stimmt, normalerweise an der Art und Weise, wie sich die Tiere bewegen oder es eben gerade nicht tun.

Todd kletterte zwischen den Stangen des Zauns hindurch und lief von einer Kuh zur anderen, berührte und begutachtete jedes einzelne Tier. Rinder und Schafe sind weniger zutraulich als Pferde und mögen es normalerweise nicht besonders, wenn man sie anfasst. Deswegen war Todds Fähigkeit so erstaunlich. Ich sah ihm zu, wie er seine Runden drehte und seinen Befund verkündete:

»Die Zwillinge sehen gut aus.«

»Ja, stimmt«, rief ich zurück.

»Die alte Stubs sieht mager aus. Meinst du, sie braucht mal wieder eine Wurmkur?«

»Wahrscheinlich«, stimmte ich zu und schüttete eine Getreidemischung in einen langen zylinderförmigen Aluminiumtrog. Die Kälber muhten empört, als sich die größeren Kühe in die vorderste Reihe drängelten. Am Futtertrog gibt es keine Benimmregeln. Die Stärkeren gewinnen immer.

Todd blieb plötzlich stehen, als sei ihm etwas Wichtiges eingefallen. Umzingelt von hungrigen, drängelnden Tieren, bahnte er sich dann ohne das geringste Anzeichen von Furcht seinen Weg aus dem Pferch. Er kam näher, blieb direkt vor mir stehen und sah mich an. Ich hatte keine Ahnung, was er vorhatte.

»Was ist?«, fragte ich schließlich.

»Den Kühen geht es gut, Dad.«

»Und?«

»Darf ich jetzt – anrufen?«

»Todd Arthur McCray, Schluss jetzt mit den Hunden, okay?«

Er runzelte die Stirn und ging zum Haus. Todd war ein lieber Kerl, aber über diese Sache musste ich einfach länger nachdenken. Wenn ich mich dagegen entschied, würde sich Todd nur schwer damit abfinden. Aber ich wusste, dass ich mich von seiner Enttäuschung nicht in meiner Entscheidung beeinflussen lassen durfte.

In Wahrheit vermisste ich einen Hund an meiner Seite, aber ich hatte viele Gründe, mir die Sache sehr gründlich zu überlegen. Sicher, Todd und seine Mutter wären selig. Mir war sogar völlig klar, was passieren würde. Sobald ich zuließ, dass Todd oder seine Mutter auch nur ein Auge auf einen Hund warfen, würde dieser Hund noch vor Sonnenuntergang desselben Tages unsere Farm in Beschlag nehmen, und ich konnte froh sein, wenn man mir noch einen Platz am Esstisch frei hielt. Ich konnte mir das Chaos ausmalen, das dann folgen würde.

»Wo ist dein Vater, Todd? Ich habe ihn jetzt sicher seit zwei oder drei Jahren nicht mehr gesehen.«

»Aber Mom, Dad ist doch noch hier. Er hat die letzten Jahre auf der Veranda hinter dem Haus überwintert. Du weißt schon, du hast ihn dorthin ausquartiert, als wir den Hund bekommen haben.«

»O ja, jetzt erinnere ich mich.«

»Todd, hol den Hund zum Abendessen herein, es gibt Rippchen. Du weißt ja, wie gerne Fido Rippchen mag. Falls etwas übrig bleibt, bring es deinem Vater auf die Veranda hinaus, und wenn du ihn das nächste Mal siehst, dann grüß ihn von mir.«

Als es Zeit fürs Abendessen, oder wie mein Großvater sich auszudrücken pflegte, fürs »Nachtmahl« war, ging ich an unserer südlichen Veranda vorbei und trat durch den Hintereingang ins Haus. Ich setzte mich auf die Bank im Vorraum und zog meine matschigen Stiefel und die dreckige Arbeitshose aus. Ich konnte hören, wie sich Mary Ann und Todd am Küchentisch unterhielten. Er war schon in die Hundeverhandlungen mit seiner Mutter eingetreten. Wie ich vermutete, war nicht viel Überzeugungskraft notwendig. Zu Mary Anns Ehre muss ich zugeben, dass es immerhin zehn oder fünfzehn Sekunden dauerte, bis sie mich ins politische Aus manövrierte.

»Ja, Todd, ich kann verstehen, warum du gerne einen Hund möchtest, und nein, ich kann nicht verstehen, warum er dagegen ist. Wie du sagst, ist es ja nur für eine Woche, und danach kann man den Hund wieder zurückbringen, wenn es nicht funktioniert. Ich habe im Radio davon gehört und finde, das ist wirklich eine tolle Sache für diese armen Hunde.«

»Ich würde mich gut um ihn kümmern, Mom.«

»Natürlich würdest du das. Das weiß dein Vater auch. Wir müssen ihn einfach noch ein wenig bearbeiten, nicht wahr?«

»Gibt es denn einen Grund, warum ich diesen Hund nicht haben darf?«, hörte ich Todd fragen.

»Nein, überhaupt keinen«, antwortete sie.

Die Diskussion, die ich eigentlich mit Todd hatte führen wollen, hatte nun in meiner Abwesenheit stattgefunden. Bei uns zuhause herrscht keine Demokratie. Es herrscht eine gütige Tyrannei. Königin Mary Ann hatte gesprochen.

Ich stand von meiner Bank im Vorraum auf und ging in die Küche, zog meine Lederhandschuhe aus, legte sie auf den Küchentisch und stürzte mich in die Verhandlungen. »Ich weiß, dass es eine Menge Gründe gibt, warum man es auf einen Versuch ankommen lassen sollte, aber ich bin trotzdem noch nicht sicher, ob das eine gute Idee ist.«

Todd war von meinen Bedenken nicht sonderlich beeindruckt. »Im Radio haben sie gesagt, dass es eine gute Idee ist.«

»Ja, ich weiß, dass sie das im Radio gesagt haben, aber ich möchte das trotzdem selbst entscheiden. Könntet ihr zwei mir die Zeit dazu lassen?«

»Ja«, sagte Todd ohne Überzeugung.

Ich lächelte ihn an und meinte: »Warten ist schwer, was?«

»Ich kann nicht warten.«

»So in Eile?«

Er merkte, dass ich ihn ärgern wollte, lächelte auch und wiederholte: »Ich kann nicht warten.«

»Sie haben heute Abend schon geschlossen. Meinst du, wir sollten die Notrufnummer wählen und uns nach dieser Aktion erkundigen, oder können du und deine Mutter bis morgen früh damit warten, die Sache weiterzuverfolgen?«

Er hielt inne, und es war klar, dass er ernsthaft erwog, die Notrufnummer zu wählen.

»Todd!«, rief ich. Er schien die Alternativen noch einmal zu überdenken und sagte schließlich: »Ich glaube, ich kann warten.«

An diesem Abend, als Todd ins Bett gegangen war, diskutierten wir weiter über das Thema.

»Mary Ann, ich bin bereit, mir die Sache mit dem Weihnachtshund durch den Kopf gehen zu lassen, aber ich brauche mehr Einzelheiten.« Ich holte tief Luft und sprach ein heikleres Thema an: »Ich bin etwas irritiert von der Art, wie du die Sache mit Todd geregelt hast.«

»Ich habe keine Ahnung, wovon du sprichst«, antwortete sie mit der Unschuld eines Frühlingslammes. Das war eine Ablenkungsstrategie, die sie sich für die seltenen Gelegenheiten vorbehielt, wenn sie wusste, dass ich Recht hatte.

»Todd und ich hätten uns über diese Aktion unterhalten müssen. Wir hätten uns einigen müssen, verstehst du, darüber diskutieren.«

»Habe ich euch davon abgehalten, darüber zu diskutieren?«, fragte sie, obwohl sie genau wusste, dass sie an der Sache vorbeiredete.

»Als ich hereinkam, hast du mit Todd bereits Welpenfutter in eine silberne Schüssel gefüllt, das weißt du genau.« Es machte mir keinen Spaß, mit meiner Frau zu streiten, aber ich fand, dass sie sich nicht fair verhalten hatte.

»George, wovon redest du? Ich habe nichts dergleichen getan. Ich habe nur Todds Gefühle ernst genommen. Gib doch einfach zu, dass du Todd nichts abschlagen kannst. Jetzt mach bitte nicht mich dafür verantwortlich, dass du unfähig bist, streng mit ihm zu sein.«

Mir fiel auf, dass sie ihre Taktik geändert hatte. »Wovon redest du?«, fragte ich in anklagendem Ton.

»Ich bin müde und gehe ins Bett. Vielleicht können wir uns ja morgen wie zivilisierte Leute über dieses Thema unterhalten. Ich habe keine Lust, mich anschreien und zu Unrecht beschuldigen zu lassen.« Meine Frau warf in einer Geste scheinbarer Entrüstung den Kopf nach hinten und verließ den Raum. Ich hatte dieses Theater schon oft bei ihr erlebt und war diesmal nicht gewillt, darauf hereinzufallen. Ich folgte ihr ins Wohnzimmer. »Du weißt, dass ich Recht habe, nicht wahr?«

Ich hatte sie in die Enge getrieben, und deswegen musste sie in einem Punkt nachgeben: »Nun ja, vielleicht habe ich ein wenig zu schnell zugestimmt.«

»Fünf Sekunden?«

»Ich habe versucht, es zehn Sekunden lang herauszuzögern.« Mary Ann wechselte wieder die Taktik und sprach aus, was sie wirklich dachte. »Oh, George, warum kannst du Todd nicht einfach erlauben, einen Hund zu haben?«

»Du weißt warum, Mary Ann.«

»Sei mir nicht böse, aber deine unglückliche Hundegeschichte ist doch lange her. Glaub mir, es wäre besser für dich, wenn du sie vergessen und es noch einmal versuchen würdest.«

»Ich werde darüber nachdenken«, brummte ich, ging in ein anderes Zimmer, setzte mich dort in einen Sessel und vergrub mein Gesicht in den Händen. Ich versuchte, über etwas nachzudenken, worüber ich nicht gerne nachdachte – meine Erfahrungen mit Hunden.

Als ich zwölf Jahre alt war, kam mein Vater bei einem Traktorunfall ums Leben, und seine Eltern – meine Großeltern – zogen wieder in unser Haus ein. Weil mein Großvater nicht wusste, was er sonst für mich tun sollte, kam er eines Tages mit einem Irish-Setter-Welpen nach Hause. Ich wuchs mit dem besten Hund der Welt auf, Tucker. In unserer Nachbarschaft gab es keine Kinder, und so wurde Tucker mein bester Freund. Wir gingen zusammen auf die Jagd, machten Entdeckungstouren und verstanden uns blind. Kein Hase, kein Präriehuhn, keine Wachtel oder Klapperschlange war vor mir und Tucker sicher. Er half mir durch meine Jugend, die sonst wohl sehr einsam gewesen wäre.

Als ich meinen Highschool-Abschluss gemacht hatte, schenkte mir die US-Army einen einjährigen, kostenlosen Aufenthalt in Vietnam. Tucker, der inzwischen ein alter Herr geworden war, wartete monatelang geduldig auf der Veranda hinter unserem Haus auf mich, so als würde ich jeden Augenblick vom Fußballtraining nach Hause kommen. Am 7. April 1969 schrieb mir meine Großmutter, dass Tucker auf der Veranda gestorben war, während er dort auf mich wartete. Sein Halsband und seine Leine hängen immer noch an einem alten Nagel in unserem Schuppen. Ich vermisste ihn, aber in meiner Situation blieb mir nichts anderes übrig, als weiterzumachen und zu versuchen, am Leben zu bleiben.

Im Juni 1969 kam unsere Einheit in ein Dorf. Es gab dort keine Überlebenden außer einem halb verhungerten Hund unbestimmbarer Rasse. Es verstieß gegen die Vorschriften, aber ich nahm den Hund mit und behielt ihn die folgenden vier Monate. Ich hoffte, dass er die Leere in mir ausfüllen würde, die ich so weit von zu Hause entfernt und nach dem Verlust von Tucker empfand. Wir machten ihn zu unserem Truppenmaskottchen und suchten einen würdigen Namen für ihn. Schließlich einigten wir uns auf Good Charly.

Er wurde mein neuer bester Freund und war das einzige vernünftige und freundliche Wesen in einem Teil der Welt, in dem sonst nur Brutalität herrschte. Er rettete mir das Leben, bezahlte aber mit seinem eigenen, als er vorauslief und auf eine Landmine trat.

Es dauerte sehr lange, bis ich Tuckers Verlust verwunden hatte, und um Good Charly trauerte ich vielleicht sogar noch länger. Nicht nur, weil ich die beiden Hunde vermisste, sondern auch, weil sie auf meiner Reise durch hässliche Kriegserinnerungen zu wichtigen Orientierungshilfen wurden, Erinnerungen, die man kaum mit jemandem teilen kann. Ich rede bis heute mit niemandem über diese beiden Hunde. Nicht einmal mit Mary Ann. Manche Leute denken, dass ich ein Hundehasser bin, aber so einfach ist es nicht.

Ich wollte die Erinnerungen an Gewehre und Hunde in Südostasien zurücklassen. Mein Großvater bestand darauf, dass man ohne ein Gewehr auf einer Farm nicht sicher sei. Also habe ich sein Gewehr aus dem ersten Weltkrieg, eine Browning Automatic mit fünf Kugeln, aufbewahrt – tief vergraben in der hintersten Ecke meines Schrankes. Auch wenn ich so ein Gewehr bedienen konnte, hoffte ich doch, es niemals tun zu müssen. Meine Hundeerinnerungen waren noch tiefer vergraben. Die Leute wundern sich, warum es auf unserer Farm keine Hunde gibt. Sollen sie sich wundern. Ein weiterer Hund würde wahrscheinlich eine Flut von düsteren Erinnerungen wecken, Erinnerungen an Verlust und Schmerz und ausgelöschtes Leben.

Tief in Gedanken versunken hörte ich nicht, wie Mary Ann ins Wohnzimmer kam. Ich erschrak ein wenig, als sie mich an der Schulter berührte. »George?«, fragte sie.

»Ja«, erwiderte ich, ohne aufzublicken.

»Es tut mir leid. Lass uns die Sache für dieses Jahr vergessen. Ich hätte dich nicht in diese Lage bringen sollen. Es war gefühllos von mir.« Sie hielt kurz inne und fügte dann hinzu: »Ich werde Todd sagen, dass es dieses Jahr ungünstig ist und wir nächstes Jahr noch einmal darüber nachdenken. Vielleicht bist du dann so weit.«

Ich streckte den Arm aus und nahm ihre Hand. »Nein, Mary Ann, du hast Recht. Es ist fast vierzig Jahre her. Das ist genug. Es wird Zeit, dass ich darüber hinwegkomme.«

»Bist du sicher?«

»Ja, aber es gibt da trotzdem noch ein paar Punkte, über die wir reden müssen.«

»Was meinst du?«, fragte sie behutsam.

»Am Ende der Woche bringen wir den Hund zurück. Es ist ein einwöchiges Experiment. Eine nette Sache für die Feiertage. Nicht mehr.«

»Ja, George, ich verstehe. So ist die Aktion gedacht. Wenn man möchte, kann man den Hund zurückbringen.«

»Und du wirst mich dabei unterstützen?«

»Natürlich werde ich das. Was noch?«

»Ich möchte, dass Todd diese Verantwortung übernimmt. Er füttert den Hund und geht mit ihm raus, nicht du oder ich. Außerdem halte ich das für den perfekten Anlass, ihn dazu zu bringen, sein Zimmer aufzuräumen. Kein sauberes Zimmer, kein Hund.«

»Ich bin deiner Meinung«, sagte sie.

»Abgemacht?«, fragte ich.

»Abgemacht.«

Ich wollte einen Versuch wagen. Ich fühlte mich besser, nachdem ich eine Einigung mit meiner Frau gefunden hatte. Wir hatten schon vor langer Zeit gelernt, dass jedes Paar ab und an einen Kampf ausfechten oder zumindest streiten muss. Mary Ann sagt immer, dass nicht der Streit an sich Probleme ins Leben und in die Ehe bringt, sondern der nicht ausgetragene Streit.

Sie war als Tochter eines Bankiers aufgewachsen und hatte als Kind jeden Wunsch erfüllt bekommen. Ich fragte mich, ob es ihr deswegen so schwer fiel, Todd etwas abzuschlagen. Während ich in Vietnam war, machte sie ihren Abschluss als Lehrerin an der Kansas State University. Bei all ihren Studienverpflichtungen fand sie Zeit, mir jeden Tag zu schreiben. Und als ich zurückkam, war sie bereit, mich zu heiraten, zusammengeschossen und verkrüppelt wie ich war.

»Du hast es ja nur auf meine Kriegsversehrtenrente abgesehen«, scherzte ich.

»Dann haben wir ja etwas gemeinsam, George.«

»Wie meinst du das?«

»Du hast es ja auch nur auf mein Lehrergehalt abgesehen.«

Ich habe Mary Anns Loyalität niemals in Frage gestellt. Sie versprach, die beste aller Ehefrauen und die beste aller Mütter zu sein. Sie hat mich nie im Stich gelassen. Wir waren uns nur nicht immer ganz einig, was Todd betraf.

Und so war es auch bei dieser Geschichte.

ZWEI

Am nächsten Morgen kam Todd früher als üblich herunter in die Küche. Er war fertig angezogen und versuchte, seine Aufregung zu verbergen. Nach dem Frühstück drehten wir zusammen unsere Runde durch den Rinderpferch und gingen dann zum Schuppen. Ich fischte den Zettel mit der Telefonnummer aus der Tasche und nahm den Hörer des Apparates ab, der an der Südwand des Schuppens hing. Von hier aus konnte ich im Tierheim anrufen, ohne dass sich die beste Rhetoriklehrerin von Crossing Trails einmischte.

Plötzlich fielen mir hundert Gründe ein, warum ich dort nicht anrufen sollte, aber ich wählte trotzdem die Nummer und versuchte, alle Einwände zu vergessen. Irgendwie hatten Todd und Mary Ann wohl Recht. Wie unangenehm es mir auch sein würde, es würde mir nicht schaden, für eine Woche einen Hund im Haus zu haben.

Todd hatte kein einfaches Leben. Wir mussten uns jeden Tag entscheiden, ob wir versuchen wollten, ihm sein Leben ein bisschen zu erleichtern, oder ob wir akzeptieren wollten, dass es Dinge gab, die wir nicht ändern konnten. Wie im Fall des Weihnachtshundes war die Entscheidung nicht immer einfach.

Die Tatsache, dass wir Todd so spät bekommen hatten, machte das Leben mit ihm manchmal schwierig. Jeder Arzt, den wir aufsuchten, stellte eine andere Diagnose. Ich glaube, die meisten wollten uns einfach verschonen und mit allen Mitteln vermeiden, uns zu sagen, dass Todd leicht behindert war. Was für ein hässliches Wort. Niemand spricht es gerne aus. Also hörten wir Begriffe wie *autistisch* oder *lernbehindert*. Wir hörten etwas von *pränatalem Schlaganfall*, *Entwicklungsrückstand*, *Epilepsie* und wahrscheinlich noch mehr. Tatsache war, dass er geistig nicht ganz auf der Höhe war. Eine exakte Diagnose war mir gar nicht so wichtig. Alle Ärzte waren sich einig, dass Todds Zustand sich nicht verbessern würde.

Er mochte zwar Probleme beim Baseball, Fußball und bei Lesewettbewerben haben, aber wir liebten und akzeptierten ihn so, wie er war, was machte es also für einen Unterschied? Er brauchte uns, und wir brauchten ihn – vielleicht sogar noch ein bisschen mehr.

Todd bereicherte unser Leben unendlich. Er lehrte uns in unzähligen kleinen, täglichen Lektionen Freundlichkeit, Toleranz und Geduld. Mit der Zeit verstanden wir, was für ein besonderes Geschenk Todd war. Als er geboren wurde, versprachen wir uns, niemals die Ausrede »Ich bin müde« oder »Ich bin zu alt« gelten zu lassen, wenn für Todd etwas getan werden musste.

Ich rief mir dieses Versprechen in Erinnerung, als ich die Nummer wählte.

»Cherokee-County-Tierheim«, meldete sich eine Stimme am anderen Ende der Leitung. »Hier spricht Hayley.«

Ich nahm an, dass es sich um Hayley Donaldson handelte, eine ehemalige Schülerin von Mary Ann und eine Klassenkameradin meiner Tochter. Ich räusperte mich, versuchte, mich auf mein Anliegen zu konzentrieren und sagte: »Hayley, hier ist George McCray. Mein Sohn Todd interessiert sich für die Weihnachtshund-Aktion. Er hat davon im Radio gehört.«

»O ja, Sie sind Hannahs Vater, nicht wahr?«

»Das stimmt.«

»Was möchten Sie wissen?«

»Todd hat mir schon einiges erzählt, aber ich möchte sichergehen, dass er auch alles richtig verstanden hat.« Ich sah zu meinem Jungen hinüber. Seine Augen strahlten. Mir wurde ganz warm ums Herz, als ich ihn so glücklich sah. Aber gleichzeitig wurde mir bei dem Gedanken daran, einen Hund aufzunehmen, doch etwas mulmig.

»An den Feiertagen möchten viele Leute anderen etwas Gutes tun«, fing Hayley an. »Wir vom Tierheim bieten Tierfreunden die Möglichkeit, etwas Gutes für Tiere zu tun. Sie kommen einfach ab dem 18. Dezember bei uns vorbei und suchen sich Ihren Hund aus. Sie behalten ihn mindestens bis zum 26. Dezember. Danach können Sie ihn jederzeit zurückbringen. Uns ist vor allem wichtig, dass sich die Weihnachtshund-Aktion gut mit Ihrer Familie vereinbaren lässt und dass Sie eine schöne Zeit mit unseren Hunden haben. Sie füttern den Hund, schenken ihm viel Aufmerksamkeit, und dann bringen Sie ihn zurück, falls Sie das möchten. Ansonsten bleiben unsere Hunde über die Feiertage in ihren doch recht beengten Zwingern. In der Weihnachtszeit haben viele unserer Mitarbeiter frei, und so bleibt meistens kaum Zeit für Streicheleinheiten.«

Etwas lauter, damit Todd auch alles verstehen konnte, fragte ich: »Und ich gehe keine Verpflichtung ein, den Hund zu behalten?«

»Überhaupt keine.«

»Haben Sie denn genug Interessenten?« Ich wusste, dass die Frage absurd war.

»Nein, Mr McCray. Wir haben nie genug Interessenten. Es scheint, als hätten wir immer mehr Hunde als gute Plätze für sie.«

Ich konnte mir vorstellen, dass die Weihnachtshund-Aktion bei uns gut klappen würde, aber mir gingen noch viele Fragen durch den Kopf. Wollten die Mitarbeiter des Tierheims sich damit einfach ein paar freie Tage bescheren? Woher sollten die Hunde denn wissen, dass Weihnachten war? Galten die Feiertage denn nicht eigentlich für Menschen? Würde ich Schuldgefühle haben, wenn ich den Hund zurückbrachte? Würde Todd die begrenzte Dauer der Aktion verstehen und akzeptieren?

Letztendlich war das einer der Momente in meinem Leben, wo ich tief Luft holte und darauf vertraute, dass es schon gutgehen würde. Ich gehöre nicht zu den Leuten, die glauben, dass der Weg in die Hölle mit guten Absichten gepflastert ist. Ich bin sogar gegenteiliger Auffassung.

»Wir werden vorbeikommen und uns die Hunde ansehen«, sagte ich widerstrebend.

»Das ist toll. Wenn Sie sich dafür entscheiden, einen Hund über die Feiertage aufzunehmen, müssen Sie ein paar Formulare ausfüllen. Aber wir kennen Ihre Familie, deshalb ist das nur eine Formsache.«

»Danke, Hayley. Wir sehen uns dann in ein paar Wochen.«

Todd war offensichtlich glücklich, dass ich angerufen hatte. Er lächelte, nickte und verließ den Schuppen, um sich seinem neuesten gewissenhaft ausgeführten Projekt zu widmen, einer Untersuchung der Frage, wie gut Farbe im Dezember haften bleibt. Ich nahm an, dass die Firma Todd-Farben nach siebenjähriger Experimentierphase nun bald die schockierenden Ergebnisse ihrer Forschungsreihe veröffentlichen würde: Bei Außentemperaturen um den Gefrierpunkt lässt sich Farbe nicht problemlos auftragen und hält auch nicht besonders gut.

Es war in diesem Jahr kalt für Anfang Dezember, und wir hatten außergewöhnlich viel Schnee. Winterwetter weckt immer angenehme Erinnerungen in mir. Mein Großvater hatte einen sehr wichtigen Posten in Cherokee County. Er fuhr einen Schneeräumer. Man hatte ihm den Titel »Behördlich zugelassener Schneeräumer« verliehen, ein Titel, der gleich nach »Euer Ehren« kam. Am Anfang wurde der Schneeräumer noch von zwei großen Pferden gezogen. Sie hießen Dick und Doc und waren fürstlich in riesigen Boxen in unserer Scheune untergebracht. Später schaffte die Gemeinde einen Schneeräumer an, der durch einen Dieselmotor angetrieben wurde und außerordentlich verlässlich war.

Aufgabe meines Großvaters war es, die Schotterstraße im Sommer zu planieren und im Winter vom Schnee freizuräumen. Als ich ein Junge war, löste ein starker Schneesturm in unserer Familie immer aufgeregte Betriebsamkeit aus.

Meine Großmutter kochte dann Kaffee und füllte ihn in eine alte Thermoskanne. Wenn noch vor Sonnenaufgang der Duft von frisch gebrühtem Kaffee durch das Haus zog, wusste ich, dass es an diesem Tag Schnee geben würde. Meine Großmutter füllte auch eine Tasche mit belegten Broten und Keksen, die meinem Großvater für mehrere Mahlzeiten ausreichen würden.

Mitten in der Nacht startete Bo McCray dann den alten Schneeräumer. Die Maschine fauchte und spuckte laut, als wollte sie den Schnee, der in dicken Flocken fiel, herausfordern. Sie sprühte Funken in den Himmel wie ein gewaltiger Riese, der aus einem tiefen, jahrhundertelangen Schlaf erwacht. Ich mochte diesen Lärm, wenn das riesige Gefährt in Gang kam. Schließlich brummte der Motor gleichmäßig, und ich konnte hören, wie mein Großvater aus der Auffahrt fuhr und den Schneeräumer nach Westen Richtung Stadt lenkte. Ich lauschte, bis das Geräusch verklungen war, und stellte mir vor, wie der Schnee nur so zur Seite stob.

Es war eine jener vertrauten kindlichen Vorstellungen, in denen einem die Erwachsenen als haushoch überlegen und mit unbegreiflichen Kräften und Fähigkeiten ausgestattet erscheinen. Wenn der Motorenlärm des Schneeräumers schließlich in der Nacht verschwand, blieb ich mit der Bewunderung für meinen Großvater zurück, der Berge von Schnee wegschaufelte, und ich schlummerte ein, tief vergraben in Flanellbettwäsche und Wolldecken.

Die Wärme des Holzofens schaffte es nicht bis in den hinteren Teil des Hauses, wo die Kinder untergebracht waren. Wenn ich ein Glas Wasser auf meinem Nachttisch stehen hatte, kam es vor, dass sich bis zum frühen Morgen eine dünne Eisschicht gebildet hatte. Aber das war nicht weiter schlimm, denn ich wusste, dass die Straßen geräumt waren und jeder Tag unendliche Möglichkeiten brachte. Unter anderem standen die Chancen gut, dass die Schule ausfiel, nachdem die Schulleitung meinen Großvater um seine Einschätzung der Wetterverhältnisse gebeten hatte. Mein Großvater wiederum fragte freundlicherweise oft mich nach meiner Meinung.

Manchmal arbeitete Großvater McCray vierundzwanzig oder sogar sechsunddreißig Stunden am Stück mit dem Schneeräumer. Wenn er müde wurde, kletterte mein Vater auf den Führersitz und übernahm eine Schicht, und als ich älter geworden und mein Vater gestorben war, war ich an der Reihe. Ich liebte das Gefühl beim Schneeräumen, und die Bewunderung unserer Nachbarn war uns sicher.

Die älteren, kranken oder armen Bewohner unserer Gemeinde fanden ihre eigene Auffahrt oft geräumt vor, wenn sie aufwachten – eine kleine Extratour, die mein Großvater der Gemeindekasse guten Gewissens zumutete.

Unser aller Leben hing davon ab, dass mein Großvater die Straßen räumte. In vielen Haushalten gab es kein Telefon, um Hilfe zu rufen. Und wenn es einen Telefonanschluss gab, war die Leitung bei schlechtem Wetter unzuverlässig und oft unterbrochen. Wenn die Straßen nicht geräumt waren, waren wir völlig isoliert.

Während der Weihnachtsfeiertage waren wir die beliebtesten Leute in Cherokee County, Kansas. Am Sonntag vor Weihnachten kochten meine Großmutter und meine Mutter um vier Uhr nachmittags einen großen Topf Austerneintopf, schoben einen Braten ins Rohr und stampften eine riesige Schüssel Kartoffelbrei. Tante Elisabeth brachte ihre berühmten Zimtschnecken und Kirschtaschen, um die ich mich mit meinen Cousins raufte, als wäre es ein vergessener Piratenschatz.

Um sieben Uhr am selben Abend zeigten unsere Nachbarn ihre Dankbarkeit, indem sie mit Weihnachtsplätzchen, Geschenken und selbst gebasteltem Christbaumschmuck für unseren Weihnachtsbaum vorbeikamen. Weil wir die Meute schon erwarteten, staffierte meine Mutter, und viele Jahre später nun auch Mary Ann, unser altes Farmhaus aus, als wäre es die Midwest-Geschäftszentrale der Firma Nikolaus GmbH. Unser halbes Erdgeschoss war mit geschenktem Weihnachtsschmuck vollgestellt, und niemand, weder damals noch heute, traute sich, auch nur ein Stückchen vertrocknete Stechpalme wegzuwerfen. Jedes Schmuckstück hatte seinen festen Platz. Vielleicht stimmte es gar nicht, aber wir gingen davon aus, dass alle unsere Nachbarn und Freunde genau darüber wachten, dass ihr mitgebrachter Weihnachtsschmuck auch ein schönes Plätzchen in unserer Weihnachtsdekoration gefunden hatte.

Als die Jahre vergingen, kamen die Leute nicht mehr vorbei, um sich bei meinem Großvater fürs Schneeräumen zu bedanken, sondern um die Weihnachtsdekoration im Hause McCray zu bewundern, die über Generationen hinweg gewachsen und ergänzt worden war. Unser Haus war inzwischen ein Museum für historischen und zeitgenössischen Weihnachtsschmuck.

Der Sonntag vor dem Familienweihnachtsessen und dem Besuchstag war ein besonderer Teil unserer Weihnachtstradition. Es war schon immer meine Aufgabe gewesen, die Lichterketten aufzuhängen, aber an diesem Tag hatte ich einen Helfer. Todd, der natürlich nicht auf die Leiter steigen konnte, stand unten mit seinen Kopfhörern unter der Wollmütze und reichte mir die Lämpchen. Während ich sie rundherum am Haus befestigte, versteckte sich die Sonne hinter Wolkenfetzen, und hier und da fielen kleine vereinzelte Schneeflocken zur Erde. Obwohl unser Haus nicht besonders groß ist, brauchte ich zwei Stunden, um alle Lichter anzubringen.

Als Todd und ich mit der Außenbeleuchtung fertig waren, gingen wir in den Keller und machten uns daran, die Kisten die Treppen hinauf- und hinunterzutragen. Meine Frau ist ein sehr organisierter Mensch, und jede Kiste ist mit ihrem festen Bestimmungsort beschriftet. Für Todd war es immer, als würde er vergessenes Spielzeug wiederfinden. Mary Ann würde in den darauf folgenden Wochen Stunden damit verbringen, mit Todd in der Geschichte unserer Weihnachtsschätze zu schwelgen.

DREI

Als die Weihnachtsfeiertage näherrückten, begannen Todd und ich, aus dem Weihnachtshund ein Spielchen zu machen.

»Wir holen den Hund am 18. Dezember, und wann bringen wir ihn zurück?«, fragte ich Todd.

»Am 26. Dezember muss er wieder ins Tierheim.«

»Wann ist Weihnachten vorbei, Todd?«

»Weihnachten ist am 26. Dezember vorbei, Dad – und das ist der Tag, an dem der Hund zurück ins Tierheim muss.«

Ich legte Todd meinen Arm um die Schulter und drückte ihn. »Das ist gut, Todd. Wir werden viel Spaß mit unserem Weihnachtshund haben, nicht wahr?«

Todd hatte viel zu tun. Aber umso mehr freute er sich auf die Feiertage. Er musste seiner Mutter helfen, das Haus weihnachtlich zu schmücken, und sein Zimmer aufräumen. Mindestens sechs große Säcke voll Gerümpel förderte er dabei zutage, und ich hielt ihn immer wieder zum Saubermachen an, wenn er mir mal zuhörte. Weder seine Mutter noch ich wagten es, in diese Müllsäcke hineinzuschauen. Wir hatten Angst vor dem, was da in den Untiefen von Todds Zimmer gehaust haben mochte. Er verbrachte sicher zwei volle Tage mit dem Ausräumen. Als er der Meinung war, dass das Zimmer sauber war, forderten wir ihn dazu auf, den Boden und die Wände mit warmer Seifenlauge zu wischen. Schließlich war das vielleicht unsere letzte Chance, ihn dazu zu bewegen, sein Zimmer so gründlich zu putzen.

Ich stand in der Tür und sah ihm bei der Arbeit zu, als ich Mary Ann am Telefon lachen hörte. Sie telefonierte gerade mit einer Freundin von der Crossing Trails High School.

»Ich hätte nicht gedacht, dass ich sein Zimmer jemals so aufgeräumt sehen würde. Seit der ›Speisung der Fünftausend‹ hat niemand mehr aus so wenig so viel gemacht. Todd kann ein einziges Bonbonpapier innerhalb von zwei Stunden zu einem ganzen Sack voll Müll verarbeiten. Er kann aus Luft und Licht Unordnung machen.«

Ich wandte mich wieder Todd zu, als er rief: »Alles sauber!«, und wie zum Beweis einen Wischlappen in die Höhe hielt.

Ich begutachtete das Zimmer und murmelte anerkennend. Schließlich brachte ich den Mut auf, unter sein Bett zu schauen. Zu meiner Überraschung war auch dort alles sauber. »Dieses Zimmer ist bereit für einen Weihnachtshund.« Er grinste, und ich ging wieder hinaus an meine Arbeit.

In den Nächten vor dem 18. Dezember schlief Todd wohl nicht viel. In den beiden Wochen davor machte er sich ununterbrochen Gedanken über Rasse, Größe und Aussehen des Hundes, den er gerne aufnehmen wollte, und das gab oft einen Anlass zu Frotzeleien, den ich gerne nutzte.

»Ich glaube, ich will einen großen«, erklärte Todd.

»Wirklich«, meinte ich.

»So groß wie ein Elefant.« Todd streckte seine Arme aus, so weit er konnte, und doch war sein Grinsen beinahe breiter als seine Armspanne.

»Ein Elefant würde sich in deinem Zimmer sehr wohl fühlen. Sie mögen den Dschungel.«

»Jetzt nicht mehr, Dad. Jetzt ist aufgeräumt.«

»Wenn man bedenkt, wie viel Müll du herausgeholt hast, könntest du vielleicht sogar zwei Elefanten dort unterbringen. Sollen wir den Tierpark anrufen und fragen, ob dort eine Elefanten-Aktion läuft?«

»Dad, ich will keinen Elefanten.«

»Nur einen großen Hund, nicht wahr?«

»Ich könnte natürlich auch drei kleine stattdessen nehmen.«

»Vielleicht«, gab ich zurück. »Du kannst entweder einen Hund für eine Woche oder drei Hunde für jeweils einen Tag nehmen.«

Er rechnete einen Moment nach, und als er zu einem Ergebnis gekommen war, lächelte er.

»Nein, ich glaube, ein großer Hund für eine Woche ist besser.«

Als der 18. Dezember endlich da war, wartete Todd schon am Frühstückstisch auf mich. Er war angezogen und bereit zum Aufbruch. Ich kam in Bademantel, Hausschuhen und mit einem Handtuch um den Kopf die Treppe herunter, ein seltener Anblick für Todd.

»Mary Ann«, stöhnte ich kränklich mit schwacher Stimme.»Ich habe furchtbare Kopfschmerzen, vielleicht sogar eine Lungenentzündung. Ich werde den ganzen Tag im Bett bleiben müssen. Wir können nur darauf hoffen, dass ich bis zum Frühling, wenn die Aussaat ansteht, wieder gesund bin. Du und Todd, ihr müsst bis dahin meine Aufgaben übernehmen.«

Sie stemmte die Hände in die Hüften und sagte: »Oh, George, hör auf, den Jungen zu ärgern. Geh sofort wieder hinauf und zieh dich um!«

»Ich bin zu schwach, Mary Ann«, schniefte ich weinerlich. »Ich glaube nicht, dass ich laufen kann.« Ich wankte ins Wohnzimmer und sank auf das Sofa. Um besonders viel Eindruck zu schinden, streckte ich ein Bein in die Höhe und ließ es erzittern, als würde ich sterben. Meine Augenlider zuckten, meine Arme hingen kraftlos herab, und ich hauchte mein Leben aus.

Mary Ann kam mir nach, zog mir das Handtuch vom

Kopf und sagte: »George, wenn es dir so schlecht geht, dann wäre heute vielleicht die passende Gelegenheit für Todd, es mal alleine mit dem Truck zu versuchen. Können wir deine Schlüssel nehmen?«

Auferstanden von den Toten, rief ich: »Es geht mir schon besser. Ich brauche nur ein gutes, herzhaftes Frühstück.«

»Also, dann komm jetzt, setz dich und iss, bevor alles kalt wird«, befahl Mary Ann.

Bei Tisch erinnerte ich mich an meine guten Manieren und bedachte jeden Bissen mit einer Bemerkung: »Mmmh, Mary Ann, das sind die besten Pfannkuchen, die du je gemacht hast. Unvergleichlich. Gibt es noch einen Nachschlag? Oder zwei oder drei?«

»Seit Jahren dasselbe Rezept, George. Iss sie einfach und rede nicht darüber.«

»Hast du irgendwas mit diesem Kaffee gemacht? Schmeckt großartig.«

»Nein, und auch dieser Fuß hier ist noch ganz der alte.« Sie machte eine drohende Geste mit ihrem rechten Fuß, als wollte sie mich treten. »Möchtest du erneut Bekanntschaft mit ihm machen?«

Ich wandte mich an Todd, der das ganze Frühstück über mit Mütze, Jacke und Handschuhen dagesessen hatte, und fragte: »Können wir dann los, mein Sohn?«

»Ja, ich bin fertig.«

»Nun, wenn du fertig bist, warum sitzen wir dann

noch hier in der Küche und quatschen mit deiner Mutter herum? Wir haben etwas Wichtiges vor. Wir müssen uns heute einen Hund aussuchen. Weißt du nicht mehr, dass wir heute einen Hund aussuchen wollen?«

Er stand auf und sagte: »Doch, gehen wir.«

»Lass mich nur schnell meine besten Hundeauswahl-Sachen anziehen, dann gehen wir.«

Ich stand vom Tisch auf, und bevor ich hinaufeilen konnte, um mich umzuziehen, umarmte mich Todd stürmisch, und ich spürte, wie mich ein tiefes Gefühl der Zuneigung durchströmte.

Todd war großzügig mit Umarmungen, und wir ließen ihn gerne gewähren, auch wenn Zeit und Ort manchmal unerwartet waren. Der Schulbusfahrer und der Postbote hatten sich längst daran gewöhnt. Es gab noch einige andere soziale Regeln, die Todd vielleicht erahnte, aber oft ignorierte. Manche Eigenheiten versuchte Mary Ann ihm energisch abzugewöhnen, unter anderem die, die Klotür weit offen stehen zu lassen, um sich mit jedem, der in Rufweite war, weiter unterhalten zu können. Andere Eigenarten, wie den Zustand seines Zimmers, nahmen wir hin. Die meisten Jungen weigern sich im Alter von neun oder zehn Jahren, an der Hand ihrer Eltern zu gehen, aber wenn wir unter uns waren und Todd gerade mal vergaß, wie alt er war, nahm er manchmal immer noch Mary Anns oder meine Hand und lief neben uns her.

Dieser Morgen war etwas Besonderes. Es war nicht nur der Tag, an dem wir unseren Hund aussuchen würden. Als wir das Haus verließen, merkte ich, dass es auch ein Tag zum Umarmen und Händchenhalten war. Als wir zum Auto gingen, drückte ich sanft seine Hand.

Mein alter brauner Ford fuhr in gemächlichem Tempo in die Stadt, zu gemächlich für Todd. Seine roten Turnschuhe Größe 46 tappten ungeduldig zum Rhythmus der Radiomusik, und obwohl er den Weg genau kannte, fragte er dauernd: »Wie weit ist es noch, Dad?«

»Mindestens noch vier oder fünf Tage, Todd. Du weißt doch, was für eine weite Reise es in die Stadt ist. Wir müssen über die Rocky Mountains, durch die große Mojave-Wüste, den Grand Canyon hinunter und auf der anderen Seite wieder hinauf und dann einmal ganz um Toledo herum.« Ich machte eine Pause und fuhr dann fort: »Und weil ich weiß, dass du es eilig hast, berücksichtige ich dabei noch nicht mal einen Tornado.«

»Dad«, jammerte er, »wie weit ist es denn jetzt wirklich noch?«

»Zehn Minuten, mein Sohn, zehn Minuten.«

Todd lächelte zufrieden. Er wusste, dass er kurz vor dem Ziel war.

»Wann bringen wir den Hund zurück, Todd? Weißt du das noch?«

»Ja, Dad, wir bringen den Hund am 26. Dezember zurück. Dann ist Weihnachten vorbei.«

»Sehr gut. Weißt du, wenn alles gut läuft und wir alle Spaß an der Sache haben und den Hund pünktlich zurückbringen, dann können wir das im nächsten Jahr vielleicht wieder machen. Würde dir das gefallen?«

»Klar.« Todd sah mit einem Lächeln zu mir auf.

Ich hatte in den letzten beiden Wochen Zeit gehabt, mich an den Gedanken zu gewöhnen. Für Todd wollte ich es gerne versuchen.

Das Schild am Stadtrand verkündet stolz:

Willkommen in Crossing Trails, wo sich Oregon-, Santa Fe- und California-Trail kreuzen.

Es gab in Crossing Trails nur eine Ampel, und selbst die schien ziemlich überflüssig, als wir alleine davorstanden und warteten, bis sie auf Grün schaltete.

An einer Straßenecke ist eine kleine Polizeistation von der Größe eines Krämerladens untergebracht, an der anderen die Freiwillige Feuerwehr. Jedes Jahr liefern sich die beiden einen Wettstreit um den stimmungsvollsten Weihnachtsschmuck vor ihrem Gebäude. Die eigens eingesetzte Weihnachtsjury hat sich in den letzten Jahren meistens für die Idee der Freiwilligen Feuerwehr entschieden, einen Weihnachtsmann auf einem nostalgischen, von Pferden gezogenen Feuerwehrschlitten. Dieses Jahr konterte die Polizeistation mit einem Rentier, das vor ein altes Polizeiauto gespannt war.

In der Hauptstraße hat sich im Laufe der Jahre nicht viel verändert. Die Geschäfte, alle auf charmante Weise leicht heruntergekommen, sind im Schnitt hundert Jahre alt. Einige Gebäude klammern sich immer noch stur an die hölzernen Gehsteige, gezimmert aus dem zähen Eichenholz der einheimischen Wälder. Jetzt waren fast überall grüne Zweige und weiße Lichterketten angebracht.

Zwei Häuserblocks weiter auf der rechten Seite des Hauptplatzes steht das Cherokee-County-Gerichtsgebäude. Am Fuß der Treppe ruht die Bronzestatue eines müden Soldaten, den Hut in der Hand und den Blick starr Richtung Westen gerichtet. Mitten auf der Wiese vor dem Gebäude thront ein alter Freisitz, der noch immer als Bühne für die Freiwillige Cherokee-County-Band dient, die in der Vorweihnachtszeit mehrere Vorstellungen ihres Feiertagsprogramms gibt, sofern das Wetter mitspielt.

Wie es bei vielen alten Dingen der Fall ist, wurde das Gerichtsgebäude lange genug nicht renoviert, um inzwischen als historisch zu gelten. Ein hoher Glockenturm aus einheimischem Kalk- und Ziegelstein ragt weit über die umstehenden Gebäude. Richter Crawford, der einzige hauptberuflich tätige Richter der Gemeinde, hatte sich im Dezember Urlaub von seinen Pflichten genommen.

Je weiter man sich in Crossing Trails vom Stadtkern entfernt, desto schneller verliert sich sein Charme. Nahe am Stadtrand, jenseits der Gleise der alten Atchison-, Topeka- und Santa-Fe-Eisenbahn, befindet sich eine Wohnwagensiedlung, und eine alte Schotterstraße führt nach Süden zum Fischweiher.

Wir bogen ab und folgten der Schotterstraße, vorbei an heruntergekommenen Häusern, umgeben von noch heruntergekommeneren Gärten, in denen Schrottautos und rostige Schaukeln standen. Im Süden wohnen die weniger betuchten Bürger. Irgendwann war all das mal guter Ackerboden, aber die Kläranlage, ein Campingplatz und billige Mietpreise haben dort alles kaputt gemacht. Wenn ich mich recht erinnere, dann wohnten Hayleys Großeltern in dieser Gegend, als dort noch Landwirtschaft betrieben wurde. Jetzt ist der Süden der Stadt und das Tierheim der Gemeinde ein Ort, der von den meisten Leuten (und allen Tieren) gemieden wird.

Als ich um die letzte Kurve der Schotterstraße bog und das Tierheim in Sicht kam, löste Todd seinen Gurt. Noch ehe ich richtig auf dem Parkplatz des Tierheims angehalten hatte, wo sich ein Schlagloch an das andere reihte wie auf einem von Granaten durchlöcherten Schlachtfeld, stieß Todd die Autotür auf und hastete zum Eingang, vorbei an Hayleys altem Nissan-Pick-up. Ich hatte dieses Auto schon oft in der Stadt gesehen, normalerweise mit einigen Hunden auf der Ladefläche und weiteren im Führerhäuschen. Ein Aufkleber auf der Stoßstange verkündete:

Wer Hunde misshandelt, verdient selbst nichts Besseres.

Es gibt ein paar Orte, über die ich lieber nicht zu viel wissen möchte. Tierheime sind solche Orte. Wie bei den meisten dieser Einrichtungen fehlte es auch hier an finanziellen Mitteln, und das Tierheim war völlig überfüllt. Neben dem eigentlichen Gebäude waren immer Zwinger als provisorische Notunterkünfte aufgestellt, voll mit miauenden Katzen. Der schäbige gelbliche Ziegelbau war vor Jahren von der Kläranlagen-Verwaltung aufgegeben worden. An warmen Tagen, wenn der Wind von Süden kam, wurde schnell klar, warum die Gemeinde ihre Verwaltungsräume dichter an die Stadt heran verlagert hatte.

Als ich die Eingangstür aufgestoßen hatte, merkte ich gleich, dass es innen nicht viel besser aussah. Man hatte die Mitarbeiterbüros in weitere Tierunterkünfte umgebaut, sodass der Empfangsbereich nun zugleich als Verwaltungsbüro diente. Die Schreibtische waren so dicht aufgestellt, dass man kaum zwischen ihnen hindurchgehen konnte, ohne einen Stapel Papier oder eine Schachtel herunterzureißen, die über eine Tischkante ragte. Gleich hinter dem Empfangsbereich befand sich der Pausenraum, wo alte Berichte und Akten, Arzneimittel, Zeitschriften und Bücher aufbewahrt wurden. An der Wand stand ein alter Tisch, den der Tierarzt für Routineuntersuchungen benutzte und auf dem sich eine alte Kaffeemaschine gerade Tropfen für Tropfen eine Tasse Kaffee abrang. Als wir im vorderen Bereich des Gebäudes niemanden sahen, gingen wir weiter durch eine Schwingtür, wo wir die Hunde und schließlich ein paar Menschen bei der Arbeit fanden.

Als Todd und ich die große Halle betraten, fiel mir sofort auf, wie sauber das Gebäude und die Zwinger waren. Das musste die Mitarbeiter einigen Aufwand kosten. Ein Hund fing an zu bellen, und sofort stimmten andere in einem gewaltigen Crescendo mit ein. Schon bald befand sich der gesamte Hundebestand von ungefähr fünfunddreißig Tieren in einem Rausch von Bellen, Heulen und Jaulen. Eine Frau schlug mit einer Futterschüssel gegen ein Metallgitter, und dieses Geräusch schien die Meute abzulenken und brachte die meisten Tiere zum Verstummen. Als die Frau auf uns zukam, erkannte ich Hayley. Ihr Namensschildchen bestätigte meine Annahme. Sie hatte ihr frühzeitig ergrautes Haar zu einem langen Zopf geflochten und trug Jeans und eine staubige grüne Jacke.

»Hallo Hayley, schön Sie wiederzusehen! Wir sind hier, um einen Hund über Weihnachten aufzunehmen.«

Sie streckte den Arm aus und ergriff Todds große Hand. Nachdem sie sie einen Moment lang gehalten hatte und er nicht so reagierte, wie die meisten Erwachsenen, nämlich die Hand zu schütteln und grüßen, legte sie ihren Kopf schräg und sah in Todds große braune Augen. Ihr Gesicht drückte ehrliche Zuneigung und Freundlichkeit aus.

»Ich bin Hayley. Schön dich zu sehen, Todd. Ich kenne dich noch vom 4H Countyfair.« (Eine Messe mit Familienattraktionen und großem Eventcharakter, veranstaltet von einer sozial, ökologisch und in der Jugendarbeit engagierten Vereinigung (4H) mit Niederlassungen in ganz Amerika; Anm. d. Ü.) Es war, als könnte sie hinter seine Behinderung schauen und direkt den begeisterungsfähigen Jungen ansprechen, der in diesem starken jungen Mann steckte.

»Ja, ich war dort.«

»Ich weiß noch, wie liebevoll du dich um deine Tiere gekümmert hast. Und ein paar Preise hast du auch abgeräumt, oder?«

»Ja, bei den Schafen und Rindern.« Todd hatte sich bei den 4H Veranstaltungen sehr engagiert, und es hatte seinem Selbstbewusstsein immer gut getan. Aber inzwischen war er für eine Teilnahme leider zu alt.

»Todd, ich weiß, dass du viel Erfahrung mit Tieren hast. Also schau dir all diese Hunde hier an, und dann entscheiden wir gemeinsam, ob einer davon zu dir und deiner Familie passt. Die Hunde, die nicht für eine Vermittlung geeignet sind, haben wir schon in Quarantäne genommen. Also, schau dich einfach um und sag Bescheid, wenn du Hilfe brauchst oder irgendwelche Fragen hast.« Sie berührte Todd für einen kleinen Moment am Arm, so, als ob sie noch etwas sagen wollte, aber dann wandte sie sich ab und ging weg. Sie lief geschäftig von Zwinger zu Zwinger – was sie da zu tun hatte, weiß ich nicht genau. Im Lauf der Jahre habe ich gelernt, dass es eine Menge über einen Menschen aussagt, wie er mit Todd umgeht. Bei Hayley hatte ich ein gutes Gefühl.

Dies war eine sehr wichtige Entscheidung für meinen Sohn, und ich wollte ihn nicht drängen. Ich fand eine kleine Bank und versuchte eine Zeitung zu lesen, die jemand dort liegen gelassen hatte. Währenddessen ging Todd die Zwingerreihen auf und ab, um den richtigen Gefährten für die Weihnachtsfeiertage zu finden. Der Boden war erst kürzlich gereinigt worden und Chlorgeruch hing in der Luft, vermischt mit verschiedenen tierischen Gerüchen. Meine Ohren klangen von dem Jaulen, Bellen und dem Geräusch von Metallschüsseln, die über den Betonboden schepperten. Ich beobachtete Todd, halb Mann, halb Junge, wie er langsam die Gänge auf und ab wanderte.

Er schien entschlossen zu sein, mit jedem Tier ein faires Auswahlgespräch zu führen. Nach zehn Minuten gesellte ich mich zu ihm. Es schien Spaß zu machen, einen Hund auszusuchen. Außerdem war ich irgendwie neugierig auf die Hunde. Das taube Gefühl, das mich sonst so oft in meinem rechten Bein plagte, war kaum zu spüren, als ich von der Bank aufstand und mich Todd anschloss. Er blieb vor jedem Zwinger stehen und machte sich im Geiste Notizen, die er mir ab und zu mitteilte.

»Dieser hier erinnert mich an Trudy. Er freut sich, mich zu sehen.« Trudy, eine betagte Hundedame, gehörte meinem Sohn Jonathan und war Todds Liebling. Sie war ein Border Collie mit einem Schuss Schäferhund. Als sie noch ein Welpe war, hatte Jonathan sie immer mal mit auf die Farm gebracht. Sie hatte Todd leidenschaftlich gerne dabei geholfen, die Schafe von der hinteren Weide in den Hof vor dem Schuppen zu treiben, wo sie vor Kojoten, Mardern und Füchsen sicher waren.

»Das könnte ein ausgezeichneter Schafhirte sein!«, sagte ich.

Todd ging langsam weiter zum nächsten Zwinger und betrachtete einen schlappohrigen Hund, der sich nicht die Mühe machte, aufzustehen und uns zu begrüßen. Es war eine braune Hündin mit weißen Flecken an Brust und Vorderbeinen und der typischen schwarzen Schnauze eines Coonhound.

»Sie ist ruhig«, bemerkte Todd.

»Ja«, stimmte ich zu und las laut vor, was auf dem kleinen Schild über der Zwingertür stand: »Das Tierheim hat sie Sally getauft. Hier steht, dass sie eine achtjährige Mischlingshündin ist, ein Mix aus Coonhound und Cocker Spaniel. Sterilisiert. Beherrscht die Befehle Sitz und Platz.« Ich wandte mich zu Todd um und meinte: »He, dieser Hund folgt besser als so manches meiner Kinder!«

Todd verdrehte die Augen. Wenn wir in diesem Tempo weitermachten, würden wir noch einen Monat hier verbringen, also kehrte ich zu meiner Bank und der alten Zeitung zurück.

Nachdem ich den Sportteil und den Wetterbericht gelesen hatte, sah ich auf. Todd war erst zwei Zwinger weitergekommen. Er war vollkommen bei sich selbst. Mir kam ein Gedanke. Wenn es Engel für Tiere gab, dann war Todd bestimmt einer davon. Mir wurde klar, dass ein Hund heute großes Glück haben würde.

Hayley kam zurück, um nach Todd zu sehen und schien recht angetan von der Art, wie er jedes Tier genau betrachtete. Sie schloss sich ihm an, und die beiden arbeiteten in diesem äußerst wichtigen Auswahlverfahren zusammen. Sie versuchte nicht, ihn für einen der schwerer vermittelbaren Hunde zu begeistern. Vielmehr gab sie ihm zu jedem Hund zusätzliche Informationen.

Sie gingen von einem Zwinger zum nächsten, und

Hayley ermutigte Todd jedes Mal, genauer hinzusehen. Ich hatte den Eindruck, dass sie Todd mehr Zeit widmete als den anderen Besuchern des Tierheims.

»Das ist Baron. Wahrscheinlich ein Deutsch Kurzhaar. Er hat die meiste Zeit seines Lebens in einem Zwinger verbracht. Sein Besitzer war der Ansicht, dass er ihn nicht frei auf seinem Hof herumlaufen lassen könnte, weil er ja ein Jagdhund ist und zu viel anstellen könnte. Er muss sich erst an Gesellschaft gewöhnen. Du weißt schon, mehr Zeit mit Menschen verbringen. Er könnte ein treues Haustier werden, aber er braucht einen geduldiges und freundliches Herrchen, das ihm das Vertrauen in die Menschen wiedergibt.«

Sie öffnete die Zwingertür. »Er hat Angst«, sagte Todd, als er den zitternden Hund in den Arm nahm. Beinahe augenblicklich beruhigte sich der Hund und begann mit dem Schwanz zu wedeln, als würde er merken, dass er nun sicher und in guten Händen war.

Hayley sah auf das Schild über der Tür und sagte: »Er ist erst seit vier Tagen hier. Manche Hunde brauchen länger als andere, um sich hier einzugewöhnen. Er scheint dich zu mögen. Hunde können den Charakter eines Menschen gut beurteilen.«

»Hayley, warum freuen sich einige Hunde, mich zu sehen und andere nicht?«

»Das ist eine gute Frage. Manche Hunde hängen noch an ihren alten Besitzern. Sie sind noch nicht bereit, eine neue Familie oder einen neuen Freund zu akzeptieren. Für jeden Hund hier gibt es einen Menschen, der perfekt zu ihm passt. Und jeder Hund hier wird aufgeregt reagieren, wenn nur der richtige Mensch vorbeikommt.«

»Warum sind diese Hunde dort von den anderen getrennt?« Todd deutete hinüber zu einem Bereich, der mit einem Maschendrahtzaun vom übrigen Raum abgetrennt war. Am Zaungatter war ein Schild mit der Aufschrift *Betreten verboten* angebracht.

»Sie stehen unter Quarantäne und sind nicht zur Weitervermittlung geeignet.«

»Was ist Quarantäne?«, fragte Todd.

»Es gibt Gesetze für bissige Hunde. Sie müssen isoliert werden, um sicherzustellen, dass sie nicht die Tollwut haben.«

Todd ging zum Zaun und spähte zu den Quarantänezwingern hinüber. »Warum sehen diese Hunde alle gleich aus?«

Hayleys Miene verfinsterte sich. »Die meisten von ihnen sind Pit Bulls, die der Sheriff hierherbringen musste, weil sie misshandelt wurden. Es sagt eine Menge über einen Menschen aus, wie er mit einem Hund umgeht, Todd.«

Ehe er weitere Fragen stellen konnte, führte Hayley Todd in eine erfreulichere Richtung, zu einem ungefährlicheren Hund. »Diese stattliche Dame hier haben wir Schnitzel getauft, weil sie ein bisschen übergewichtig ist.« Schnitzel war eine große schwarze Mischlingshündin.

»Letzte Woche kam ihr Besitzer, um sie abzuholen. Als wir ihm sagten, dass er uns 50 Dollar für ihren Aufenthalt hier schuldete, sagte er, dass er zu seinem Auto gehen und einen Scheck holen würde. Wir warteten auf ihn, aber er fuhr einfach weg und kam nicht wieder.«

Todd starrte Hayley ungläubig an. »Warum ist er nicht zurückgekommen und hat seinen Hund abgeholt? Sie hat doch auf ihn gewartet. War was nicht in Ordnung mit dem Mann?«

»Das will ich meinen, Todd! Der hatte ein Riesenproblem. Das Schlimmste an der Sache ist, dass große schwarze Hunde wie Schnitzel am schwierigsten an neue Besitzer zu vermitteln sind. Wir nennen es ›Großer-schwarzer-Hund-Syndrom‹.«

»Warum ist das so?«, fragte Todd.

»Weil es so viele davon gibt, Angebot und Nachfrage.«

Hayley war beim nächsten Zwinger angelangt: »So, was ist anders an diesem Hund?«

Todd betrachtete den Hund und sagte: »Er ist klein.«

»Stimmt. Ist dir aufgefallen, dass er der einzige kleine Hund hier im Tierheim ist?«

Todd sah sich um. »Warum ist er der einzige?«

»Also, wir nennen sie ›Raus-und-Häufchen-Hunde‹. Es sind Wohnungshunde. Sie werden nur kurz hinausgelassen, setzen sich irgendwo hin, machen schnell ihr Geschäft und kommen wieder herein. Große Hunde dagegen lässt man draußen, oft stundenlang. Sie überwinden Zäune und landen dann hier.«

»Welche Rasse ist das?«, fragte Todd.

»Er ist ein Jack-Russell-Mix.«

»Mir gefällt ›Raus-und-Häufchen-Hund‹ besser«, warf ich von meinem Platz auf den hinteren Rängen ein.

Todd runzelte die Stirn über meinen dummen Witz und blieb dann vor dem einzigen leeren Zwinger im Tierheim stehen. »Was ist mit dem hier passiert?«, fragte er.

Hayley lächelte. »Wahrscheinlich ist er gerade mit einem Tierpfleger draußen spazieren oder bei der Fellpflege.«

»Fellpflege?«

»Wir tun eine Menge, um die Tiere besser vermitteln zu können, Todd. Vielleicht ist dir aufgefallen, dass wir ihre Häufchen niemals in den Zwingern liegen lassen. An einem verschmutzten Zwinger laufen die Leute gleich vorbei, und das ist nicht fair dem Hund gegenüber, oder?«

»Nein.« Todd schüttelte den Kopf.

»Wir haben außerdem die Erfahrung gemacht, dass die Leute keinen Hund wollen, der zu verschreckt ist. Deshalb arbeiten wir viel mit den ängstlichen Hunden, damit sie die Besucher freundlich begrüßen. Wir wissen auch, dass die Leute ihren Hund nach dem Aussehen aussuchen. Polly zum Beispiel war neununddreißig Tage hier. Vierzig Tage sind das Äußerste für diese Hunde. Bis dahin müssen sie wirklich vermittelt sein. Als Polly nach fünfunddreißig Tagen immer noch hier war, begannen wir uns Sorgen zu machen. Sie war ein sehr freundlicher und fröhlicher Hund, also riefen wir eine Dame bei uns in der Stadt an, eine ehrenamtliche Hundetrimmerin. Sie kam hierher, wusch Polly, verpasste ihr einen neuen Haarschnitt und schenkte ihr ein brandneues Halsband mit einer pinkfarbenen Schleife. Sie hat ihre Sache hervorragend gemacht. Gestern war Pollys neununddreißigster Tag und …« – Hayley fasste Todd aufgeregt am Arm – »heute Morgen hat sie jemand mitgenommen! Und jetzt hat Polly ein neues Zuhause.«

Ich hoffte, dass Todd nicht näher nach der Bedeutung der vierzig Tage fragen würde, und war froh, dass Hayley nicht erwähnte, was mit den Hunden passierte, für die sie kein Zuhause finden konnten. Todd hätte die hässliche Wahrheit schwer getroffen. Auch ich hatte meine Probleme damit. Ich stand wieder von meiner Bank auf und folgte Todd und Hayley eine weitere halbe Stunde bei ihrer gewissenhaften Hundeinspektion.

Es war schon beinahe Mittag, ehe sie alle Hunde angesehen und Todd alle Geschichten dazu gehört hatte. Ich war überrascht, dass er sich noch nicht entschieden hatte. Ich war nicht sicher, ob er den richtigen Hund noch nicht gefunden hatte oder ob er am liebsten alle mitgenommen hätte.

»Willst du noch einen sehen?«, fragte Hayley. Sie führte uns in den hintersten Teil des Tierheimes, wo ein paar leere Zwinger standen. Nur in einem davon saß ein Hund: ein großer schwarzer Labrador-Retriever-Mischling. Offenbar noch so ein großes schwarzes Hundeproblem.

Hayley lieferte gleich ein paar Informationen. »Er ist schon älter. Man sieht es an seiner graumelierten Schnauze. Er ist ruhig, kein Kläffer. In den ersten drei Tagen ihres Aufenthalts sind die Hunde hier eigentlich noch nicht für eine Adoption freigegeben. So haben die früheren Besitzer die Chance, ihren Anspruch auf das Tier anzumelden, wenn es gerade erst fortgelaufen ist. Aber nach dem dritten Tag wird der Hund zum Eigentum des Tierheimes. Ab heute gehört er uns.«

»Wie heißt er?«, hörte ich Todd fragen, als Hayley die Tür zum Zwinger öffnete.

Sie sah auf das Schild über der Tür, fand dort aber keinen Namen. Also zuckte sie die Schultern und sagte: »Ich weiß nicht, er ist ja erst seit kurzem hier. Wir sind noch nicht dazugekommen, ihm einen Namen zu geben.«

Todd schien stutzig geworden. Ich hatte ein gutes Gefühl bei diesem Hund. Er saß geduldig und aufmerksam da, sprang nicht herum und bellte oder jaulte, wie viele der anderen Hunde es taten, wenn jemand die Zwingertür öffnete. Er schien konzentriert und bereit, einen Befehl zu befolgen, aber sein wedelnder Schwanz zeigte zugleich, dass er sich freute, Todd zu sehen.

Vielleicht hatte ich einfach genug von diesem Auswahlverfahren, oder vielleicht tat mir dieser Hund auch nur leid, weil er neu im Tierheim war. Jedenfalls ging ich zu Todd hinüber und legte ihm meine Hand auf den Arm, um mich bemerkbar zu machen. »Sollen wir ihn uns mal genauer anschauen?«

Todd widersprach nicht, und im nächsten Moment hatte Hayley den Hund auch schon aus dem Zwinger geführt. Sie gab den Befehl »Sitz!«, und er gehorchte. Er blieb ruhig sitzen, als Todd ihm mit den Fingern durch das graumelierte Fell in seinem Nacken strich. Dann hockte sich Todd hin, sodass er mit dem Hund auf gleicher Höhe war, und sah ihm in die Augen. Es waren freundliche grüne Augen, die Geduld und Klugheit ausstrahlten.

Nachdem Todd ihn von Kopf bis Fuß gemustert

hatte, legte Hayley dem Hund ein Kettenhalsband um. Plötzlich wurde er ganz aufgeregt, als hätte er verstanden, dass die Wahl auf ihn gefallen war. Hayley befestigte eine Leine am Halsband und führte ihn ein paar Schritte in die eine und dann ein paar Schritte in die andere Richtung. Er benahm sich nicht wie ein Tier, das lange Zeit in einem Zwinger verbracht hatte. Dann gab Hayley ein paar Kommandos und machte entsprechende Gesten dazu. Zuerst streckte sie ihm ihre Handfläche entgegen, wie ein Verkehrspolizist, der ein Auto anhält. Dann drehte sie langsam das Handgelenk nach unten, sodass ihre Finger auf den Boden zeigten. Dazu wiederholte sie den Befehl »Sitz!« Der Hund setzte sich hin. Danach machte sie eine Bewegung, als wollte sie etwas in eine Tasche stopfen, und sagte: »Platz!« Der Hund legte sich auf den Bauch. Sie sagte: »Bleib!«, ließ die Leine fallen und ging weg. Nach zehn Schritten drehte sie sich um. Er hatte sich nicht von der Stelle gerührt. »Er kann sich noch gut an alles erinnern, auch wenn er schon ein bisschen steif in den Knochen ist.«

Todd beugte sich zu dem Hund hinunter, streichelte ihn und fuhr mit den Händen über seine Rippen. »Er ist dünn. Frisst er normal?«

»Ja. Aber ich glaube, er hat eine lange Reise hinter sich und sicher ein paar Mahlzeiten ausgelassen.«

Todd schob das Fell des Hundes auseinander und

fand ein paar raue Stellen und eine Narbe, die erst frisch verschorft war. Er winkte Hayley zu sich und zeigte ihr die Wunde. Sie kniete sich hin und sah sich die Stelle genauer an. »Wir tun was drauf.« Dann warf sie Todd einen anerkennenden Blick zu. Offensichtlich hatte er etwas Wichtiges bemerkt, das sogar ihr entgangen war.

Todd stand auf, verschränkte seine Arme vor der Brust wie ein kritischer und erfahrener Hundezüchter und fragte mich: »Was meinst du, Dad?«

Ich ging zweimal um den Hund herum und zählte vier Pfoten, einen Schwanz und auch alle anderen notwendigen Körperteile. »Er gefällt mir ausgezeichnet«, erklärte ich.

Todd grinste fröhlich und deutete entschlossen auf das Tier. »Wir nehmen ihn.« Wie auf Kommando sprang der Hund auf und wollte zum Ausgang laufen. Hayley ergriff die Leine und hielt ihn zurück. Ich verlor keine Zeit und bekräftigte noch einmal die Bedingungen unserer Abmachung. »Wann bringen wir ihn zurück, Todd?«

»Wir bringen ihn am 26. Dezember zurück, Dad. Dann ist Weihnachten vorbei.« Ich sah Hayley an, um ganz sicherzugehen. Sie lächelte und nickte.

Ein paar Tage zuvor waren Todd und Mary Ann in die Stadt gefahren und hatten von Todds Taschengeld eine Leine und ein Halsband gekauft. Passend zur Jahreszeit hatte Mary Ann ein grünes Halsband mit roter Leine vorgeschlagen. Sie hatten ein Halsband mittlerer Größe gekauft, das Todd jetzt aus seiner Jackentasche zog und dem Hund problemlos über den Kopf streifte. Hayley schloss die Zwingertür hinter uns, und Todd führte den Hund an der weihnachtlichen roten Leine in den Eingangsbereich des Tierheims.

Wir kamen dabei noch einmal an allen Hunden vorbei, und es tat mir leid, dass sie nicht auch über Weihnachten ein anderes Zuhause gefunden hatten. Für einen kurzen, schwachen Moment dachte ich daran, zwei Hunde mitzunehmen, aber ich hatte einen Ruf zu verlieren, also ging ich weiter. Wir füllten ein paar Formulare aus, und Hayley strich dem Hund eine Salbe auf die Wunde.

Nachdem wir uns bei ihr bedankt hatten, verließen wir mit unserem neuen Freund das Tierheim. Der kalte Winterwind verschlug mir den Atem, aber ich brachte trotzdem eine Frage heraus: »Möchtest du einen Namen für ihn aussuchen?«

»Hab ich schon«, antwortete Todd zu meiner Überraschung, während er eilig zum Wagen lief.

»Und welchen?«

»Er soll ›Christmas‹ heißen.« Todd öffnete die Wagentür, und Christmas sprang augenblicklich hinein. Todd kletterte neben ihn, und ich setzte mich hinter das Steuer. Ich fühlte mich seltsam zufrieden und entspannt neben diesem warmen, wuscheligen Geschöpf, das es sich da zwischen mir und meinem Sohn gemütlich gemacht hatte. Als ich den Wagen anließ, fing auch das Radio wieder an zu spielen, und ein Weihnachtslied erfüllte die kalte Winterluft.

Ich sah zu Todd und dem Hund hinüber und sagte: »Das ist ein guter Name. Ein sehr gut Name.«

VIER

Auf der Heimfahrt benahm sich der Hund anständig. Ich vermutete, dass er nicht zum ersten Mal in einem Pick-up mitfuhr. Er zappelte nicht herum, jaulte und knurrte nicht. Er wedelte nur ab und zu mit dem Schwanz. Todd massierte ihm die Flanken und strich ihm durch das Fell. Das schien angenehm zu sein, denn Christmas drehte sich mehrmals zu Todd um und leckte ihm anerkennend die Hand. Ich konnte nicht anders und strich ihm auch ein paar Mal über das Fell. Er schien sehr zufrieden mit seinen neuen Herrchen.

»Was meinst du, wo sollen wir Christmas für diese Woche unterbringen?«, fragte ich Todd.

Todd sah mich erstaunt an. »In meinem Zimmer!«

»Ich hatte gedacht, wir könnten ihn vielleicht in den Hühnerstall stecken, damit er auf die Hennen aufpasst. Wie findest du das?«

»Nein, Dad, Hühner brauchen niemanden, der auf sie aufpasst.«

»Wie wäre es dann mit dem Getreidespeicher? Ich

habe letztens ein paar Ratten dort gesehen und wette, er würde sie vertreiben.«

»Nein, Dad, ich glaube, mein Zimmer ist okay.«

»Du hast es doch aufgeräumt, nicht wahr, Todd?«

»Sechs Säcke. Ich habe sechs Säcke voll rausgeräumt.«

»Dann hat er jetzt dort Platz, oder? Bist du auch sicher, dass du nicht doch lieber einen Elefanten möchtest?«

Todd lachte über meinen Einfall. »Nein, ich mag Christmas gern.«

Als wir durch Crossing Trails zurückfuhren, sah ich hier und da Leute mit Einkaufstaschen und hübsch verpackten Paketen aus unterschiedlichen Geschäften kommen. Sie hatten ihre Weihnachtseinkäufe gemacht. Das Handelsministerium hatte eine Initiative gestartet, um die Kunden in der Stadt zu halten, aber ich fragte mich, ob ihr Konzept aufging. Als wir dann den Highway erreicht hatten und zu unserer Farm zurückfuhren, musste ich daran denken, dass ich oft nicht gewusst hatte, was ich Todd zu Weihnachten schenken sollte. Nun saß er hier neben mir mit diesem Hund, und ich wusste, dass es in diesem Jahr anders sein würde.

Als wir zuhause ankamen, wartete Mary Ann schon vor dem Haus auf uns. »Was habt ihr denn so lange gemacht? Ich war schon in Sorge.«

»Es ist harte Arbeit, einen Hund auszusuchen. Das braucht seine Zeit.« Mary Ann wusste, dass Todd bei Sachen, die ihm wichtig waren, sehr bedächtig ans Werk ging, deshalb ließ sie das Thema fallen und begleitete uns hinein. Wir traten aus der Kälte durch die Hintertür ins Haus und gingen in die Küche.

Todd führte den Hund im Kreis herum. Christmas zeigte sich bei uns genauso gut erzogen und folgsam wie bei Hayley. Er lief bei Fuß, und als Todd stehen blieb, setzte er sich sofort hin und wartete auf das nächste Stichwort. Todd hatte bei Hayley offensichtlich gut aufgepasst und führte nun seiner Mutter alle Kommandos vor.

Mary Ann tat, als sei sie gerade Zeuge des achten Weltwunders geworden. »George, schau dir das an. Wie der Hund reagiert! Wie Todd mit ihm umgehen kann! Ist das nicht erstaunlich!«

»Unglaublich«, murmelte ich.

Mary Ann beugte sich hinunter, sodass sie Christmas direkt ins Gesicht sehen konnte. »Er hat grüne Augen!«, rief sie aus. »Ich liebe Hunde mit grünen Augen!«

»Er war der beste Hund im Tierheim«, erklärte Todd, streichelte Christmas und machte seine Leine los. Der Hund wedelte mit dem Schwanz und klopfte damit auf den Boden, ein Geräusch, das uns in der nächsten Woche vertraut werden sollte.

»Todd, dieser Hund kann doch gar nicht im Tierheim gelandet sein. Er ist perfekt.«

»Mom, darf ich dir vom Tierheim erzählen?«

»Ja, natürlich, Liebling. Erzähl mir alles.«

So eifrig hatte ich Todd seit Jahren nicht mehr gesehen. Er ergriff die Hand seiner Mutter und führte sie zum Küchentisch. Der Hund folgte ihnen auf dem Fuß. Sie setzten sich, und der Hund legte sich zu ihren Füßen auf den Boden. Todd erzählte seiner Mutter alles über das Tierheim. Er beschrieb ihr jeden einzelnen Hund haargenau, und Mary Ann hörte geduldig zu. Ich stand an die Wand gelehnt und sah unseren Ausflug noch einmal vor mir, diesmal mit Todds Augen.

Während die beiden sich weiter unterhielten, durchsuchte ich alle Küchenschränke und rumorte so lange herum, bis ich schließlich in der hintersten Schrankecke zwei alte Metallschüsseln fand. Sie schienen darauf gewartet zu haben, dass ich sie nach all den Jahren wieder ans Tageslicht beförderte. Es waren Tuckers alte Hundeschüsseln. Irgendwie spürte ich Freude, keine Traurigkeit.

Ich ließ Wasser aus dem Wasserhahn in die eine Schüssel laufen und stellte sie für Christmas unter den Tisch. In die andere Schüssel füllte ich etwas von dem Hundefutter, das Mary Ann und Todd eingekauft hatten, und stellte sie neben die Wasserschüssel. Christmas wollte offenbar nicht unhöflich sein und holte sich vorsichtig ein paar Bröckchen. Er knabberte ruhig vor sich hin, während sich Todd und Mary Ann über seine Hundefreunde im Tierheim unterhielten.

In unserer Abstellkammer fand ich in einem Regal eine alte Decke und legte sie in der Küche auf den Boden. Christmas kam herüber und zupfte nach Hundemanier mit seinen Pfoten alles so lange zurecht, bis es richtig lag. Als er mit dem Ergebnis zufrieden war, ließ er sich auf seinem neuen Bett nieder. Ich lehnte mich an den Türrahmen und hörte zu, wie Todd auch noch die letzten Kleinigkeiten dieses aufregenden Tages schilderte. Die beiden schienen mich völlig vergessen zu haben, so sehr waren sie in ihr Gespräch vertieft.

Weitere fünfzehn Minuten vergingen, und Todd holte kaum Luft. Schließlich unterbrach ich ihn: »Ich wollte ihm einen Elefanten besorgen, aber er wollte nicht.«

»Oh, George, lass ihn doch erzählen.«

Nachdem alles bis ins kleinste Detail berichtet worden war, machten Mary Ann und Todd mit Christmas eine Führung durch unser bescheidenes Heim. Offensichtlich funktionierte das Auswahlverfahren auch in die andere Richtung, und sie wollten sicherstellen, dass auch Christmas mit seiner neuen Behausung zufrieden war. Sie gingen von der Küche in Todds Zimmer, von dort ins Gästezimmer, durch das Esszimmer und schließlich ins Wohnzimmer, das sich über die gesamte Vorderseite unseres Hauses erstreckt. An der Innenwand unseres Wohnzimmers steht ein Kamin, mit dem wir das Haus heizen.

Todd zog die Hundedecke hinter sich her und blieb in Reichweite des wärmenden Kamins stehen. Er breitete die Decke aus und setzte sich darauf. Damit war das Revier abgesteckt. Christmas streckte sich neben ihm aus und verlangte eine Hundemassage. Todd kam dieser Aufforderung gerne nach. Er begann an den Pfoten und hörte mit genau der richtigen Dosis Bauchkraulen auf. Christmas gähnte. Todd legte sich neben ihn auf die Decke, und die beiden machten ein gemütliches Nickerchen vor dem Kamin. Es schien, als hätte unser müder Reisender einen bequemen Platz und einen guten Freund gefunden.

Als Christmas von seinem Nachmittagsschläfchen erwachte, tappte er durch die Küche zur Hintertür und bellte kurz, als hätte er das schon tausendmal so gemacht. Mary Ann ließ ihn hinaus. Wir waren alle froh, dass Christmas Bescheid sagte, wenn er hinausmusste. Damit hatten wir ein Problem weniger.

Am nächsten Morgen war eine Warmfront aufgezogen und ließ den Schnee unter einem blauen Himmel mit vereinzelten Wolkenfetzen schnell schmelzen. Ein paar Gänse schnatterten laut auf ihrem Weg vom See auf unsere Felder, wo sie den Tag mit der Suche nach

Hirse-, Mais- und Weizenkörnern verbringen würden, die der Mähdrescher liegen gelassen hatte.

Todd und Christmas schliefen noch, als Mary Ann und ich beim Frühstück saßen. Nach meiner Erfahrung mit Übernachtungspartys hatten die beiden die letzte Nacht wohl mehr mit Reden als mit Schlafen verbracht. Als ich zur Arbeit aufbrach, stand Mary Ann summend am Spülbecken.

Nachdem ich die Kühe gefüttert hatte, drehte ich mich um und sah, wie Todd und Christmas auf mich zuschlenderten.

»Guten Morgen!«, sagte Todd.

»Wie geht es dem Hund?«

»Gut.« Todd schlüpfte durch die Zaunbretter in den Pferch und ging von einer Kuh zur anderen. Christmas wollte ihm nachlaufen. Aber ich wollte nicht, dass er die Herde erschreckte und rief: »Christmas, sitz!« Ich machte dieselbe Handbewegung wie Hayley, und er gehorchte sofort.

Todd warf mir ein schiefes Grinsen zu. »Gut ausgesucht, was?«

»In der Tat, du verstehst wirklich etwas von Hunden«, sagte ich und ging zu Christmas hinüber. Ich kraulte ihn hinter den Ohren, und er wedelte aufgeregt mit dem Schwanz. Leise lobte ich ihn: »Guter Hund, Christmas.« Als Todd den Pferch wieder verlassen hatte, sagte ich: »Okay, Christmas, guter Hund, jetzt kannst du laufen.« Er drehte ein paar Runden und blieb dann bei Todd stehen. »Darf ich den Hund mit an den Fluss nehmen?«

»Klar.«

»Darf ich mit dem Truck fahren?«

Todd liebte es, den Truck zu fahren, auch wenn seine Mutter darauf bestand, dass er immer im ersten Gang fuhr. Ich fischte meine Autoschlüssel aus der Hosentasche und gab sie ihm. »Fahr langsam, sonst lässt mich deine Mutter in der Scheune schlafen.«

Todd öffnete die Autotür. Christmas sprang hinein und ließ sich wieder vorne in der Mitte bequem nieder. Todd startete den Motor und schlug dann in ganz gemächlichem Tempo den Weg nach Süden Richtung Kill Creek ein. Der Fluss hatte ihn schon immer fasziniert.

Ich sah den beiden nach, und aus irgendeinem Grund fiel mir ein, dass ich so alt wie Todd gewesen war, als Tucker starb. Wie sehr sich doch Todds Leben von meinem damals unterschied.

Dieser Gedanke, dass ich meinem Sohn nicht auf Wiedersehen sagen musste, während er in einen Militärbus stieg und seinem Hund ein letztes Lebewohl sagte, erfüllte mich mit Dankbarkeit. Todd würde nie die Erfahrung machen müssen, dass die Rückkehr nach Hause nur der erste Teil einer schwierigen Heimreise war. Meine Vietnamerinnerungen sind nach wie vor schmerzlich, aber ich habe inzwischen gelernt, besser mit meiner Verbitterung umzugehen.

Man braucht seine Lieblingsplätze, wo man nachdenken kann, Orte, die mit guten Erinnerungen und Ruhe verbunden sind. Die Vorstellung, zusehen zu müssen, wie der geliebte Sohn in den Krieg zieht, führte mich zu meinem Lieblingsplatz im hinteren Teil unseres Schuppens. Dort steht ein dreibeiniger Melkschemel, den mein Urgroßvater aus einer Eiche hier auf unserer Farm geschnitzt hat.

Die Militärpsychologen hatten uns immer wieder ermutigt, uns den unangenehmen Erinnerungen aus der Zeit unseres Kriegsdienstes zu stellen. Wenn ich die Augen schließe, kann ich auch nach all den Jahren ohne Weiteres das Krachen der Bomben, die Feuersalven der Maschinengewehre und die schweren Schüsse der .45er-Kaliber-Pistolen hören, die Schreie, den verzweifelten Protest, die Befehle, die Helikopter, die Napalmbomber und im Hintergrund – Insekten, das dumpfe Summen von Grillen, Moskitos und anderen Stechmücken und Fliegen.

Selbst in diesem Moment, mitten im Winter, konnte ich die drückende Hitze des Dschungels spüren. Als ich genug von diesen Erinnerungen hatte, öffnete ich die Augen und versuchte, an glücklichere Stunden aus der Zeit damals zu denken.

Mary Ann schrieb mir jeden Tag. Ich bewahre ihre

Briefe in einer Schachtel auf dem obersten Regalbrett in meinem Schrank auf. Ich hatte versucht, mit ihr Schluss zu machen, bevor ich aufbrach. Ich sagte ihr, dass sie zu jung wäre, um herumzusitzen und auf meine Rückkehr zu warten, falls ich überhaupt je zurückkehrte. Da sie zwei Jahre älter ist als ich, neckte ich sie, dass sie sich lieber mit dem Heiraten beeilen sollte, weil sie sonst das heiratsfähige Alter überschritten hätte.

Sie wollte von all dem nichts wissen. Trotz meiner Sticheleien über den Altersunterschied hielt sie mir die Treue. Sie sagte, sie würde es mich schon wissen lassen, wenn es an der Zeit für uns wäre, auseinanderzugehen. Mary Ann versprach, immer für mich da zu sein. Sechs Monate nach meiner Rückkehr heirateten wir, und Mary Ann hat bis zum heutigen Tag Wort gehalten.

Mein Bein war eingeschlafen, deshalb stand ich auf und betrachtete Tuckers altes Halsband, das an der Wand hing. Als ich zum Mittagessen ins Haus gehen wollte, hörte ich den Ford Truck im ersten Gang langsam heranzuckeln. Ich fühlte mich gleich besser. Ich war dankbar, dass ich genau hier auf der Farm sein durfte, zusammen mit meinem Sohn. Ich war so froh, dass Todd nicht in den Krieg ziehen musste. An diesem Tag wusste ich noch nicht, wie nah ich meiner endgültigen Heimkehr war.

Die Schuppentür flog auf. Todd schrie: »Dad, rate mal, was Christmas und ich gefunden haben! Katzenspuren am Fluss, so groß wie meine Hand!« Er hielt seine großen Pranken in die Luft.

»Das wären aber wirklich sehr große Spuren. Ich glaube nicht, dass es so große Luchse gibt, und einen Puma hat man hier in der Gegend seit Jahren nicht gesehen.«

»Ich bin mir aber sicher, dass es große Katzenspuren waren, Dad.«

Ich dachte einen Moment nach. »Wenn der Schnee schmilzt, spielt er einem oft einen Streich und lässt Spuren zwei- bis dreimal so groß erscheinen, wie sie eigentlich sind«, lachte ich. »Hast du da unten irgendwelche Riesenwaschbären gesehen?«

Todd dachte nach. »Keine Riesenwaschbären. Ich glaube du hast Recht. Es war wohl doch nur ein Luchs.«

»Das klingt vernünftig.«

Vor vielen Jahren erzählte mir mein Großvater, dass er als junger Mann auf der Jagd einmal jenen eigenartigen Grunzlaut gehört hätte, den Hirsche bei Gefahr ausstoßen. Als er sich umdrehte, hätte er angeblich gesehen, wie ein Puma einem Reh in den Wald hinterherjagte.

Und erst vor wenigen Jahren hatte ein Bekannter von mir, ein Rechtsanwalt aus der Stadt, behauptet, er hätte eine Raubkatze über das achte Loch auf dem örtlichen Golfplatz huschen sehen, gerade als die Sonne unterging.

Ich schenke solchen Geschichten aus verschiedenen Gründen wenig Glauben. Früher oder später legt sich jedes Wildtier in dieser Gegend mit einem Auto an und zieht dabei den Kürzeren. Ich hatte aber noch nie gehört, dass ein Puma vor ein Auto gelaufen war. Auch sind Luchse viel größer, als die meisten Leute glauben, und sie bewegen sich so schnell, dass man sie ohne Weiteres für eine größere Raubkatze halten kann.

Dennoch machte mich eine Sache stutzig. Es war vor vier Jahren passiert, und damals konnte ich mir keinen Reim darauf machen, deshalb hatte ich die Sache wieder vergessen. Eine Kuh und ihr neugeborenes Kalb waren durch unseren Zaun ausgebrochen. Zwei Meilen südlich von uns liegen beinahe tausend Hektar Wald. Er befindet sich in Privatbesitz und ist seit Generationen unberührt geblieben, vielleicht sogar seit Jahrhunderten. Auf dem Rücken meiner Stute folgte ich den Spuren der Rinder weit in den Wald hinein, bis ich an einen Bach kam. Das Bachbett war feucht, und über einigen größeren Wasserpfützen schwirrten Stechmücken. Der Pfad hatte aufgehört, und ich musste dauernd Spinnweben aus meinem Gesicht wischen, um vorwärtszukommen. Die Kuh und das Kalb hatten Halt gemacht, um zu trinken. Nach der Menge der Spuren zu urteilen, waren sie für mehrere Stunden am Wasser geblieben, vielleicht die ganze Nacht. Kühe hinterlassen mit ihren gespaltenen Hufen eindeutige Abdrücke. Am Rand einer Pfütze fand ich seltsame Spuren. Ich stieg vom Pferd, um sie mir genauer anzusehen. Im Matsch waren deutlich Katzenspuren zu sehen, so groß wie meine Hand.

Ich hatte mich nicht in die Reihe von Verrückten einreihen wollen, die behaupteten, einen Berglöwen gesehen zu haben, deshalb hatte ich nie jemandem davon erzählt. Später an jenem Tag fand ich die Kuh und ihr Kalb unverletzt und vergaß den ganzen Vorfall.

Aber man konnte nie vorsichtig genug sein, deshalb sagte ich zu Todd, als er schon wieder gehen wollte: »Egal, was das für Spuren waren, vielleicht sollten du und Christmas in den nächsten Tagen nicht mehr zum Fluss gehen. Ich sehe mir diese Spuren später mal an.«

Todd zuckte die Schultern. »Klar, Dad, aber dieser Puma wäre kein Problem für Christmas.«

»Da irrst du dich. Kein Hund kann es mit einem Puma aufnehmen.«

Todd und Christmas verließen den Schuppen, und ich folgte ihnen langsam zum Haus. Christmas kam ein paar Mal zu mir zurückgelaufen und wunderte sich offensichtlich, warum ich so langsam war. Als Todd gerade nicht hinsah, ging ich in die Hocke, und Christmas gab mir einen Hundeschmatz ins Gesicht und wedelte mit dem Schwanz. Todd hatte wirklich einen guten Hund ausgesucht.

In den Tagen vor Weihnachten versuchte ich die Erinnerungen an den Krieg, an Tucker und Good Charlie zu verdrängen, aber das war nicht so einfach. Mehrmals hielt Mary Ann inne und fragte: »Alles in Ordnung?«

»Ja«, antwortete ich, aber sie kannte mich und merkte genau, wann ich mit diesen Erinnerungen zu kämpfen hatte.

»Ist es der Hund?«

»Nein«, antwortete ich. Wir wussten beide, dass das gelogen war.

FÜNF

Am Samstag, also am Tag vor unserer großen Weihnachtseinladung, waren die Temperaturen noch immer mild, aber der Wind war stärker geworden. Es war ungewöhnlich warm für diese Jahreszeit, und da der Wind aus südlichen Richtungen kam, würde es noch länger so bleiben. Nachdem Todd, Christmas und ich unsere Morgenrunde abgeschlossen hatten, fuhr ich mit dem Traktor hinunter zu den hinteren Feldern, um die geheimnisvollen Spuren zu untersuchen, die Todd ein paar Tage zuvor gesehen hatte.

Während ich nach Süden Richtung Kill Creek tuckerte, wurde der Wind stärker, und ich musste mich fest in meine Jacke wickeln und die Handschuhe anziehen. Der Schnee war größtenteils weggeschmolzen, und der Boden war nass, aber noch nicht schlammig. Hier und da spitzten grüne Halme hervor, ansonsten waren die Felder braun und grau.

Ich fuhr nicht schnell, sondern genoss die Zeit an der frischen Luft und ließ meine Gedanken schweifen. Im Fernsehen hatten sich am Morgen Experten aus der Politik über die neuesten Kriegshandlungen ausgelassen, und ich fragte mich, warum mir all diese Diskussionsrunden so sinnlos vorkamen. Mein Traktor zog einen alten gelb-grünen John Deere Dungstreuer hinter sich her, der Kuhmist – ein natürliches Düngemittel – auf den Wiesen verteilte, und plötzlich kam mir der Gedanke, dass diese Pappkameraden im Fernsehen den gleichen Mist von sich gaben wie meine Maschine. Sie diskutierten über den Krieg, als ob er richtig oder falsch sein könnte und als ob sie das von einem neutralen Standpunkt aus beurteilen könnten. Aus der mikroskopisch kleinen Sicht eines Soldaten wusste ich, dass Kriege selten Sinn machen, und vielleicht war das der Grund, warum ich mit dieser Art von Diskussionen immer Schwierigkeiten hatte.

Ich drosselte das Tempo, als ich über einen Kanal und dann durch dichteres Unterholz fuhr, wo ich mich unter tief hängenden Zweigen hindurchducken musste. Zwei Rotfüchse kamen aus dem Wald und trotteten über die Wiese. Ich trat die Kupplung und beobachtete die Tiere. Wie die meisten Füchse ließen sie sich durch einen Menschen kaum stören. Als sie außer Sichtweite waren, schaltete ich noch einen Gang hinunter und fuhr langsam Richtung Fluss, während meine Gedanken wieder zu den politischen Debatten zurückwanderten.

Es gab noch einen weiteren tragischen Aspekt des

Krieges, der nie diskutiert oder auch nur erkannt wurde und der mich in all den Jahren sehr belastet hatte. In Vietnam taten tausende von Hunden ihren Dienst und retteten unzähligen Männern das Leben, einschließlich mir. Noch nie war einem dieser tapferen und treuen Hunde ein Orden verliehen worden. Es schien keine Rolle zu spielen, wenn ein Hund sein Leben opferte.

Nur wenige dieser Kriegshunde überlebten, und diese wenigen wurden herzlos ausgesetzt. Für die verbliebenen Soldaten musste es furchtbar sein, weiterzuziehen und einen Freund zurückzulassen, der nicht nur einmal, sondern jeden Tag aufs Neue sein Leben für sie geopfert hätte. Immer wenn ich daran dachte, war ich verletzt und wütend.

Der Fluss kam in Sicht, und ich sah, wie eine Eule dicht über die Baumspitzen hinwegflog und auf einer riesigen Platane landete, die am Flussübergang stand. Ich hielt kurz vor dem Fluss an und blieb ruhig sitzen. Ganz schwach konnte ich den Geruch von Holzfeuer wahrnehmen, vielleicht sogar das von unserer Farm.

Ich hatte diese Gegend unseres Farmlandes schon immer wunderschön gefunden. Hier konnte man gut über sein Leben nachdenken. Ich hörte das Wasser leise durch das Flussbett plätschern, nicht wie ein rauschender, vom Goldstaub schwerer Colorado-Gebirgsfluss, in dem es von Forellen wimmelt, sondern wie ein Fluss, der sich Zeit lässt und eine Menge zu erzählen hat, wenn man geduldig zuhörte. Genau das tat ich nun. Und durch die weise Stimme der Natur hob sich meine Stimmung zusehends.

Ich stellte den Motor ab, zog die Handbremse an und stieg aus. Dann machte ich mich auf die Suche nach den Spuren. Es gab viele davon. Waschbären, Vögel, Hasen, Converse-Turnschuhe, Größe 46, und ein Weihnachtshund, aber ich konnte keine Spuren einer Raubkatze entdecken. Also ging ich zum Traktor zurück und tuckerte gemütlich nach Hause.

Später an diesem Tag, als Todd Christmas einmal für ein paar Minuten alleine ließ, spazierte der Hund hinunter in den Hof und gesellte sich zu mir. Er stieß mich liebevoll an und fuhr mir mit der Schnauze unter die Hand als wollte er sagen: »Kraul mich.«

Ich wollte ausprobieren, ob er mir genauso gehorchte wie Hayley, und nützte die Gelegenheit zu einer kleinen Übungsstunde – Sitz, Bleib, Platz. Ich brachte ihn sogar dazu, mir auf Kommando einen alten Tennisball zu bringen. Er war sehr eifrig, und ich hatte den Eindruck, dass dieser Hund, genau wie Charlie oder Tucker, alles tun würde, was man von ihm verlangte. Ich kniete mich hin und nahm seinen Kopf in meine Hände. Ich konnte seinen warmen Atem spüren und seine weichen Ohren fühlen. Ich sah ihm in die Augen und sagte: »Du bist ein guter Hund.«

Ich mochte den Duft dieses Tieres. In seinem Fell schienen all die Gerüche, die ich von unserer Farm kannte, zu tanzen, verdichtet und gemischt zu einem natürlichen Duft von frischer Luft, den ich so liebte.

Ich musste an meine alten Hundefreunde denken und daran, wie sehr ich sie vermisste, und ich umarmte Christmas noch fester. Er schien mich zu verstehen. Er legte mir den Kopf auf die Schulter und drückte seine kalte Nase an mein Ohr, so als wollte er sagen, dass er sehr gerne bei uns war. Als ich ihn losließ, lief Christmas zu seinem Ball und legte ihn mir vor die Füße.

»Du bist ziemlich direkt, mein Freund, nicht wahr?« Ich warf den Ball, so weit ich konnte, und er jagte hinterher. Good Charlie hatte dieses Spiel auch geliebt, allerdings hatte er eine Frisbeescheibe bevorzugt.

Wir hatten Charlie auf einem Friedhof in einem kleinen buddhistischen Kloster in den Gebirgsausläufern nahe unseres Stützpunktes in Tan Son Nhut begraben. Als wir den Mönchen Charlies Geschichte erzählten, berieten sie sich einen Moment und kamen dann zu dem Ergebnis, dass Charlie die Wiedergeburt eines amerikanischen Kriegshelden aus früheren Zeiten gewesen sein musste. Sie schienen sehr erfreut, seine Seele bei sich zu haben und versprachen, sich um sein Grab zu kümmern. Und sie meinten das zweifelsohne ernst.

Ich habe ein paar handfeste Erinnerungsstücke aus

der Zeit damals. Eines davon ist eine Narbe, die sich von meinem Oberschenkel wie ein hässliches pinkfarbenes Eisenbahngleis bis zum rechten Knie hinunterzieht. Ein anderes ist mein kaputtes rechtes Bein. Ich bekomme deswegen Kriegsversehrtenrente, aber es pocht und schmerzt bis heute und zwingt mich, langsamer zu gehen, als ich eigentlich will. Und schließlich liegt da noch ein purpurrotes Herz, mein Verwundetenabzeichen, in der obersten Schublade meines Nachttisches. Eines Tages werde ich diesen Orden dort anbringen, wo er hingehört – auf Charlies Grab.

Christmas jaulte, um mich auf den Ball aufmerksam zu machen, den er mir vor die Füße gelegt hatte, und riss mich so aus meinen Gedanken. Ich sah ihn an und sagte: »Tja, alter Junge, es wird nicht so einfach werden, wie ich gedacht habe, dich wieder abzugeben. Aber Vertrag ist Vertrag, nicht wahr?«

Christmas setzte sich hin, und ich sagte zum Spaß: »Hand drauf, Junge.« Prompt gab er mir seine Pfote, und ich schüttelte sie.

Es war schön, wieder einen Hund um sich zu haben, und ich erinnerte mich daran, was für eine besondere Art von Freundschaft Mensch und Hund verbinden kann. Ich warf den Ball zum Haus, und wir machten uns beide auf den Weg hinein zum Abendessen.

Mary Ann wollte dieses Abendessen zu etwas ganz Besonderem machen. Sie deckte den Tisch im Esszimmer mit weihnachtlichem Geschirr, das wir vor einigen Jahren von unserer Tochter geschenkt bekommen hatten. Auf dem Tisch lag eine ihre Lieblings-Weihnachtstischdecken, und in der Mitte standen rote und grüne Kerzen. Nach dem Essen halfen wir Mary Ann beim Abwaschen, eine Aufgabe, die Christmas gerne mit übernahm: Er leckte auch noch den letzten Krümel von den Tellern. Den Rest des Abends verbrachten wir im Wohnzimmer am Kamin vor dem Fernseher. Schließlich machte ich das Licht aus, und wir gingen die alte Treppe hinauf ins Bett.

Wenn im Winter die Sonne untergeht, fällt die Temperatur schnell ab. Zwar hatten wir unser altes Haus schon vor vielen Jahren isolieren lassen und eine Zentralheizung eingebaut, aber trotzdem ist es oft kalt, und man braucht im Winter Heizdecken und dicke Schlafanzüge. An diesem Abend, als ich unter die warmen Decken geschlüpft war, tat es besonders gut, Mary Ann neben mir zu spüren. Wir hörten, wie Todd unten in seinem Zimmer leise mit Christmas sprach.

»Ich glaube, er mag diesen Hund, George.«

»Bist du dir da sicher?«, fragte ich.

»Was ist mit dir, George – magst du den Hund?«

»O ja, ich denke schon. Wenn man langhaarige Hunde mag, dann ist er sicher der Richtige.«

»Es schien dir heute besser zu gehen.«

»Ja, ich habe mich besser gefühlt, viel besser.«

»Was war los mit dir, George?«, fragte sie und legte mir die Hand auf den Arm.

»Ich musste über manches nachdenken.«

»Das hattest du befürchtet, nicht wahr?«

»Ja, ich denke schon.«

Sie legte mir den Kopf auf die Schulter, und ich fügte hinzu: »Ich möchte dir für etwas danken.«

»Wofür?«

»Habe ich dir schon oft genug gesagt, wie wichtig mir jeder einzelne deiner Briefe war?«

»Du hast es mir schon tausendmal gesagt.«

»Ich hätte es eine Million Mal sagen sollen. Danke nochmal, Mary Ann.«

»Ich liebe dich, George.«

»Ich liebe dich auch. Gute Nacht.«

SECHS

Der 20. Dezember war gekommen. Es war ein Sonntag, und wir bereiteten uns auf unser Familienfest und den Besuch der Nachbarn vor. Der Duft von gebratenem Speck und Truthahnbraten zog bis zu den Ställen hinunter und machte Schweine und Hühner nervös. Die Küchenfenster waren beschlagen vom Dampf der Kartoffeln, und durch die alte Maschine auf dem Ofen lief Kaffee. Mehrere Male unterbrach ich an diesem Tag meine Arbeit, um zu sehen, wie weit Mary Ann schon mit ihren Vorbereitungen gekommen war. Ich ging nach der Testesser-Methode vor. Und mein Timing war gut. Als ich um zwei Uhr in die Küche kam, zog Mary Ann gerade gezuckerte Plätzchen in Form von kleinen Weihnachtsbäumen aus dem Ofen. Auf der alten Arbeitsplatte aus Eichenholz kühlten bereits Butterplätzchen aus. Todd, Christmas und ich entschieden, dass Mary Ann das unmöglich alles allein schaffen konnte.

Die Plätzchen, die wir nicht gleich aufaßen, verteilten wir auf Weihnachtsteller, deckten den Tisch und legten letzte Hand an die Lichterketten und die übrige Dekoration. Dann gingen Todd und ich duschen, und anschließend fielen die drei Männer des Hauses (zwei Menschen und ein Hund) vor dem angenehm knisternden und nach Pinien und Zedern duftenden Feuer unter einer alten Decke in einen kurzen Winterschlaf. Den Rest des Nachmittags verbrachten Todd und ich damit, Holzscheite nachzulegen, den Hund zu beobachten und dem Regen zuzuhören, der auf das Dach prasselte.

Am frühen Abend fielen meine Kinder und ihre Familien durch die Hintertür bei uns ein. Die Haustür wurde bei uns nur von Fremden benutzt. Der Regen hatte nachgelassen, und es nieselte nur noch leicht. Der schmelzende Schnee und das Regenwasser bahnten sich ihren Weg durch tausende von kleinen Rinnsalen und Gräben. Als ich meine Familie auf der Veranda hinter dem Haus begrüßte, konnte ich das Wasser des Kill Creek hinunter zur Mündung in den Kaw River rauschen hören.

Meine Kinder und Enkelkinder kamen herein, und es wurden flüchtige Umarmungen und Küsschen ausgetauscht. Das Haus wurde lebendig, alle wünschten sich frohe Weihnachten. Mäntel, Hüte und Schals wurden abgelegt, und Todd führte alle Familienmitglieder in den vorderen Teil des Hauses, damit sie unseren Ehrengast Christmas in seiner gemütlichen Ecke vor dem Feuer begrüßen konnten.

Dieser Hund hielt nicht viel von formalen Begrüßungen und blieb auf seiner Decke liegen. Immerhin ließ er sich streicheln und hinter den Ohren kraulen. Er wischte mit seinem großen, buschigen Schwanz gemächlich über den Boden und zeigte damit, dass er sich über jede neue Bekanntschaft ehrlich freute. Als alle da waren, setzten wir uns zum Essen und tauschten den neuesten Familienklatsch aus.

Beim Essen erklärte Todd noch einmal für alle die Weihnachtshund-Aktion. Christmas rollte sich auf den Bauch und legte seinen Kopf auf die Vorderpfoten. Er stellte die Ohren auf und hörte aufmerksam zu, als wisse er, dass von ihm die Rede war.

Meine Tochter Hannah und meine Schwiegertöchter waren von der Idee außerordentlich entzückt. Meine Söhne grinsten nur und dachten wohl: *Da hat sich Dad mal wieder über den Tisch ziehen lassen!*

Als die Teller mit dem Essen herumgereicht wurden, warfen alle der Reihe nach bedeutungsvolle Blicke auf den Hund und priesen Todds Hundegeschmack: »Ich bin sicher, dass er der beste Hund im Tierheim war, vielleicht sogar der beste in der ganzen Gegend.« Ich hörte mehrmals: »Du bist aber ein hübscher alter Junge« oder »Braver Kerl, ja, das bist du wirklich.«

Todd und ich lächelten nur. Wir hatten wirklich eine sehr gute Wahl getroffen.

Christmas schien die Huldigungen zu genießen, und mit jedem weiteren Kompliment schob er sich ein Stückchen von seiner Decke herunter und robbte immer weiter an den Tisch heran. Schließlich stand er auf und gesellte sich zu uns. Er tauchte direkt unter den Esstisch ab, wie jeder halbwegs intelligente Hund es getan hätte, und platzierte sich in Reichweite von besockten Füßen, die ihm über das Fell strichen und Händen, die »aus Versehen« ein paar Krümel des leckeren Festessens fallen ließen.

Einen Aspekt der Weihnachtshund-Aktion hatten wir in unseren Erklärungen bislang ausgelassen, und ich wollte in diesem Punkt Klarheit schaffen. Ich fragte in beiläufigem Ton: »Nun, Todd, wann ist Weihnachten vorbei?«

Todd hielt den Blick auf seinen Teller gesenkt und wiederholte: »Weihnachten endet am 26. Dezember. An diesem Tag muss er zurück ins Tierheim.«

Ich hätte es besser wissen müssen. Es war nicht der richtige Augenblick, um dieses Thema anzuschneiden, und der Gedanke, Christmas ins Tierheim zurückzubringen, ließ die Stimmung merklich abkühlen. Die hübscheren Gesichter am Tisch runzelten die Stirn. Meine Söhne sahen mich ungläubig, ja missbilligend an. Ich spürte wieder diese Beklemmung in meiner

Brust. Eisige Stille lag über der Runde, und ich wusste, dass ich ein Problem hatte.

Ich hatte Todd und diesem Hund etwas Gutes tun wollen, und nun würde ich an Christmas' Stelle in einen Käfig gesperrt und ins Tierheim gebracht werden, wenn ich ihn nicht behielt. Ich wusste nicht, was ich tun sollte.

Während ich schweigend dasaß, nahmen die anderen ihr Gespräch wieder auf. Es schien unvermeidlich, dass sie wieder auf Christmas zu sprechen kamen. Plötzlich hatte ich das Gefühl, ausgeschlossen zu sein.

Unser Gasthund spazierte um den Tisch herum und sammelte liebevolle Gesten, freundliche Worte, Fleischstückchen und andere Delikatessen ein. Ich verdrehte nur die Augen. Es schien sinnlos, ihm irgendwelche Tischmanieren beibringen zu wollen. Jedes weibliche Wesen am Tisch steuerte seinen Teil zur Anbetung bei. Meine Tochter Hannah, eine frisch geschiedene Steuerberaterin ohne eigene Kinder, fing damit an. Sie nahm Christmas' Kopf in ihre Hände und fing an, in einer Weise mit ihm zu sprechen, die mich noch tiefer in meinen Stuhl sinken ließ, die Arme vor meiner Brust verschränkt.

»Christmas, ich glaube, dass du der hübscheste und freundlichste Hund bist, den ich je getroffen habe.« Christmas nahm das Lob in sehr gemessener Weise entgegen, so als ob er daran gewöhnt wäre. Hannah fuhr fort: »Warum in aller Welt sollte irgendjemand dich ins Tierheim bringen wollen?« Sie sah mich an und fragte noch einmal ungläubig: »Warum war er im Tierheim?«

»Das weiß niemand so genau. Angeblich ist er dort einfach so aufgetaucht.« Ich versuchte das Thema zu wechseln. »Ach, Hannah, ich wollte dich noch was zu meiner diesjährigen Steuererklärung fragen.«

»Dad, ich wette, du kannst die Kosten für die Weihnachtshund-Aktion absetzen. Meinst du, dass er schon alle Impfungen hat? Ich glaube, wenn du den Tierarzt jetzt anrufen würdest, käme er morgen vorbei.«

Dann wandten sich meine Söhne an den Hund. Sie hatten eine Menge Spaß, und ich war sicher, dass es auf meine Kosten ging. Mein ältester Sohn Jonathan, ein Möbeltischler, der seine High-School-Liebe geheiratet hatte, hatte selbst drei Söhne. Als Ältester sah er es offenbar als seine Pflicht an, dafür zu sorgen, dass die Jungen ihrer Schwester in nichts nachstanden.

»Nun, alter Junge, das könnte dein letztes Weihnachtsfest vor einem warmen Feuer sein. Wer weiß, wo du nächstes Jahr bist? Warum schnappst du dir nicht diesen Truthahn und frisst ihn auf? Im Gegensatz zu dir werde ich noch oft ein Truthahn-Festessen genießen können.« Damit gab er Christmas eine große

Scheibe vom Festtagsbraten, und der Hund spazierte mit seiner Beute zum Kamin zurück.

Ich fragte mich, ob der Hund demnächst auch ein eigenes Hausmädchen verlangen würde. Alle amüsierten sich prächtig, aber ich lachte nicht mit.

Thomas, der jüngste meiner drei älteren Jungs, mutmaßte mit einem breiten Grinsen und unterbrochen von Lachanfällen, dass in Christmas' Alter jeder Ortswechsel großen Stress auslösen könne. »Dad, sei vorsichtig, wenn du den armen Hund ins Tierheim zurückfährst. Auf der Ladefläche deines alten Trucks ist es nicht sehr gemütlich. Vielleicht könntest du ihm eine Matratze unterlegen.«

Ryan, der mittlere dieser drei älteren Jungen, war mit einem ruhigeren Temperament gesegnet. Er gab sich damit zufrieden, jede Bemerkung seiner Geschwister mit einem breiten Grinsen zu unterstreichen. Seine Augen blitzten vor Vergnügen, und ich versank immer tiefer in meinem Stuhl.

Vielleicht bildete ich es mir auch nur ein, aber immer wenn die Sprache auf Christmas kam, schienen alle am Tisch mich anzustarren, egal ob Mann, Frau oder Kind. Todd verstand natürlich die ironischen Untertöne der Bemerkungen nicht, freute sich aber, dass sein Hund so viel Aufmerksamkeit auf sich zog.

Als die guten Esser aufstanden, um sich in der Küche eine zweite Portion abzuholen, entschuldigte sich

Todd, obwohl er seinen Teller nur zur Hälfte aufgegessen hatte. Christmas folgte ihm ans andere Ende des Esszimmers. »Alle mal herschauen!«, rief Todd. Als der Hund neben ihm stand, fing er an, Befehle zu geben: »Sitz!« Der Hund setzte sich hin. Todd fuhr fort mit den Befehlen für Pfote geben und Platz. Jedes Mal gehorchte Christmas ihm freudig. Als Todd rief: »Bleib!« und daraufhin zum Kamin ging, hielt es das Publikum nicht mehr aus und brach in tosenden Applaus aus. Todd erlaubte Christmas daraufhin, zu ihm zu kommen und sich neben ihn ans warme Feuer zu setzen.

Nachdem die beiden es sich gemütlich gemacht hatten, stellte Todd sein Radio an, setzte seine Kopfhörer auf und begann, lauthals und falsch seine eigene Version von Weihnachtsliedern zu singen. Christmas legte den Kopf zurück und fing an zu jaulen. Glücklicherweise waren wir bei uns zu Hause und unter uns, denn Todds ältere Geschwister brachen in unkontrolliertes Gelächter aus und konnten sich vor Lachen kaum auf den Stühlen halten.

Als das Gelächter abgeflaut war, schlug Mary Ann wieder einen ernsteren Ton an, indem sie ihren ersten offenen Angriff gegen meinen schwach geschützten Posten fuhr. Sie sagte in einem Ton, der wenig Widerrede duldete: »Ich kann mich nicht erinnern, dass Todd schon einmal an etwas so große Freude gehabt hat wie an der Betreuung dieses Hundes. Er übernimmt große Verantwortung, und die beiden haben ein ganz besonderes Verhältnis.«

Ich stellte mich stur: »Ja, und wann ist Weihnachten vorbei?«

Es folgte eine lange Stille. Mary Ann faltete ihre Serviette und legte sie mit einer resoluten Geste auf den Tisch zurück, so als würde sie den Einsatz erhöhen. Ich hatte das entschiedene Gefühl, dass mein Kriegskamerad dabei war, mich im Stich zu lassen. »George, ich habe gehört, wie der Pfarrer sagte, dass wir jeden Tag großzügig und freundlich handeln sollen, nicht nur an Weihnachten!« Sie nahm wieder ihre Serviette und tupfte sich den Mund ab, als wolle sie jedes unfreundliche Wort und jeden unheiligen Gedanken von ihren Lippen tilgen. Das unangenehme Gefühl in meiner Brust wurde stärker.

Ich dachte darüber nach, was ich erwidern könnte, wusste aber, dass sie nichts gelten lassen würde. Also ließ ich den Kopf hängen und beendete meine Mahlzeit schweigend. Vielleicht war ich ja schon längst besiegt, und es hatte keinen Sinn weiterzukämpfen. Ich war darauf gefasst, Christmas zu behalten. Um ehrlich zu sein – der Gedanke gefiel mir. Meine Ängste davor, wieder einen Hund zu besitzen, schienen fehl am Platz, und ich war gerne mit ihm zusammen. Aber es gab noch einen anderen Grund, warum Christmas zurück ins Tierheim musste. Es ging um eine Abmachung zwischen mir und meinem Sohn, und ich wollte, dass er sich daran hielt. Ich wollte Todd beibringen, sich wie ein Erwachsener zu benehmen. Erwachsene halten ihre Versprechen, auch wenn das manchmal unbequem ist. Erwachsene müssen lernen, dass es schöne Dinge gibt, die nicht ewig Bestand haben.

Und ein weiterer Gesichtspunkt schien den Anwesenden vollkommen entgangen zu sein: Wenn die Weihnachtshund-Aktion funktionieren sollte, durften sich die teilnehmenden Familien nicht unter Druck fühlen, die Tiere zu behalten. Wenn ich Christmas jetzt behielt, würde ich nächstes Jahr nicht mehr zum Tierheim fahren, und auch in keinem der darauffolgenden Jahre.

Nach dem Essen räumten wir den Tisch ab, erledigten den Abwasch und begrüßten unsere Freunde, Verwandten und Nachbarn, die nun einer nach dem anderen, mit Süßigkeiten, Keksen, Pasteten, Kuchen und kleinen Geschenken bewaffnet, zu ihrem jährlichen Weihnachtsbesuch eintrafen.

Es war schon Jahrzehnte her, dass mein Großvater die Straßen freigeräumt hatte, deshalb beruhten diese Besuche allein auf der Tradition. Die Ehefrauen schienen die Parade anzuführen, gefolgt von ihren Ehemännern, die ihre Hände in den Hosentaschen vergruben. In diesem Jahr hätte ich gut auf dieses Weihnachtsritual verzichten können.

Sie strömten ins Wohnzimmer, nicht etwa, um die Eisenbahn unter dem Christbaum oder die Puppe in der neuen Puppenwiege zu bestaunen, vielmehr zupfte Todd alle so lange am Ärmel, bis sie hereinkamen und Christmas begrüßten.

Jonathan kannte keine Gnade angesichts meiner Situation und führte das Landvolk vor den Thron. »Ich möchte dir etwas ganz Besonderes zeigen, Hank. Das hier ist Christmas, Todds Hund.« Er schielte zu mir herüber und grinste.

Hank war ein Milchfarmer von 88 Jahren, in dem ich oft den Vater sah, den ich so früh verloren hatte. Er war im Vollbesitz seiner geistigen und körperlichen Kräfte und hatte eine Menge Geld. Seine Farm war schon lange im Besitz seiner Familie und eine der ältesten und profitabelsten in diesem Teil von Kansas. Hank besaß eine strenge Arbeitsmoral und blickte stolz und entschlossen in die Welt. Er war ein knallharter Geschäftsmann, der keine Zeit für ein Tier hatte, das keinen Gewinn brachte. Er hegte eine Schwäche für Todd und nahm immer gerne Anteil an seinem Leben. Es überraschte mich nicht im Geringsten, dass auch er jede Menge Aufhebens um Christmas machte. Hank beugte sich langsam hinunter und kraulte dem Hund mit seinen langen, runzligen Fingern den Bauch, während Todd zum hundertsten Mal die Regeln der Weihnachtshund-Aktion darlegte.

Hank wartete geduldig, bis Todd mit seinen Erklärungen fertig war. Dann nahm er die unangezündete Zigarette, die immer in seinem Mundwinkel steckte, heraus und sagte mit einer Autorität und Weisheit, wie sie nur das hohe Alter innehat: »Das ist wirklich ein feines Tier.« Alle Anwesenden nickten beifällig. Todd lächelte.

Hank musste bemerkt haben, dass ich mich nicht anschloss, und fragte: »Nun, was ist los, George? Magst du Christmas nicht?«

Todd, Gott segne ihn, eilte mir zur Hilfe: »Nein, Hank, Dad mag Christmas. Dad hat mir geholfen, Christmas zu bekommen. Er hat mir geholfen, ihn unter all den Hunden auszusuchen, die ein Zuhause für die Feiertage gesucht haben.«

Irgendetwas an dem, was Todd gesagt hatte, machte mich stutzig. Ich wusste erst nicht, was es war. Ich rieb mir das Kinn, da traf es mich wie der Blitz. Halleluja, die Erlösung war nah. Ich wechselte die Perspektive und sah mich nicht länger in der Rolle des Schurken. Todd hatte Recht: Es war genauso mein Weihnachtshund-Projekt wie seines. Ich musste nur mitspielen.

Ich ging zu Christmas hinüber und sagte: »Er ist einer der besten Hunde, der mir je untergekommen ist, Hank. Er ist klasse. Das Dumme an der Sache ist nur … er gehört uns nicht. Wie Todd gesagt hat: Das örtliche Tierheim leiht die Hunde über die Feiertage aus.« Ich machte eine kurze Pause und fügte hinzu: »Übrigens, Hank, ich habe die Telefonnummer in der Küche. Das Tierheim hat sogar an Weihnachten bis Mittag geöffnet, ich wette, du kannst auch noch einen Hund über die Feiertage aufnehmen!«

Hank reagierte, als hätte er einen heißen Ofen berührt. Er sprang auf, trat hastig einige Schritte von Christmas weg, fasste seine Frau am Arm und rief: »Nein! Weißt du, wir sind viel zu alt für einen Hund. Jean, wir müssen doch noch andere Besuche machen. Am besten gehen wir jetzt.«

»Das ist wirklich kein Problem, Hank. Es kostet mich nur eine Minute, die Telefonnummer zu holen.« Als ich aus dem Zimmer gehen wollte, sah ich kurz zu Hanks Frau und zu Mary Ann hinüber. Mary Ann hatte das Antlitz eines Engels. Mit tränenerfüllten Augen sah sie mich an. Ihre Stimme zitterte, als sie sagte: »George, es ist wirklich wundervoll, was du für diese Hunde tust.« Jean befreite sich aus dem Arm des Mannes, mit dem sie seit vierundsechzig Jahren verheiratet war, und kam mit leuchtenden Augen auf mich zu: »George, wir würden natürlich auch liebend gerne ein Haustier aufnehmen. Diese Aktion, die du und Todd da unterstützt, ist wirklich fantastisch.«

Sie wandte sich an Hank, der nun verstört und angespannt wirkte. Plötzlich sah man seinem müden Gesicht jedes einzelne der 88 Jahre an. »Nun, Liebling, ich finde die Idee auch großartig, aber in unserem Alter?« Er fasste Jean flehentlich am Arm. Jean schüttelte seine Hand ab und ließ ihn mit einem Blick zur Salzsäule erstarren. Er gab sich geschlagen, blickte zu Boden und murmelte: »Ja, Jean, lass dir die Nummer geben. Wahrscheinlich macht ein Hund die Feiertage noch feierlicher.«

Ich legte Hank den Arm um die Schultern und klopfte ihm aufmunternd auf den Rücken. »Weißt du, Hank, ich wette, dass dir mein Junge beim Aussuchen eines Hundes helfen würde.«

Ich sah mich nach Todd um, konnte ihn aber nirgends entdecken. Seine Brüder grinsten. Sie wussten genau, was ich dem armen alten Hank Fisher da angetan hatte, und sie ergötzten sich an seinem Elend. Das gefiel mir nicht. Die Jungen hatten viel zu viel Spaß auf Kosten meines alten Freundes. Mir kam der Gedanke, wie man aus einer guten Idee eine noch viel bessere machen konnte.

»Hank«, sagte ich, »wenn jeder hier in diesem Raum einen Hund aufnehmen würde – oder zumindest mal im Tierheim anrufen würde –, ich wette, wir könnten das Tierheim über Weihnachten leer räumen. Was meinst du?«

Hank trat von einem Fuß auf den anderen und verstand nicht, worauf ich hinauswollte.

»Es ist eine Art Pflegehund-Aktion. Man nimmt einen Hund für eine Woche auf, wenn man will, auch für länger, und das ist schon mal eine tolle Sache für den Hund. Aber manche Leute werden den Hund auch behalten. Vielleicht nicht du und ich. Todd und ich haben nämlich ausgemacht, dass unser Hund am 26. Dezember wieder zurück ins Tierheim kommt. Aber viele Leute werden ihre Hunde behalten. Deswegen läuft die Aktion. Denk nur, wie viele schöne Pflegeplätze allein bei all den hier Anwesenden zur Verfügung stehen könnten!«

Allmählich schien Hank zu begreifen, worauf mein Vorschlag abzielte. Er lächelte. »Du meinst also, George, dass nicht nur du und ich einen Hund über Weihnachten aufnehmen sollten, sondern jede Familie! Jonathan, Hannah, Ryan, Thomas, alle.«

Meine älteren Söhne starrten mich ungläubig an. »Ganz genau!«, sagte ich.

Die Köder waren ausgelegt. Und alle bissen an. Meine reizenden Schwiegertöchter schwirrten durch das Zimmer und riefen aus: »Was für eine wunderbare Idee! Kannst du uns auch die Telefonnummer geben?«

Und bald schmiedeten alle Pläne zur Auswahl ihres eigenen Weihnachtshundes. Im Hintergrund war das

Geschrei der Enkelkinder zu hören: »Ja, Daddy, bitte Daddy, dürfen wir, Daddy?« Sie bestürmten mich mit Fragen, worauf man beim Aussuchen eines Hundes achten musste. Ich gab ihnen gerne Auskunft.

In der Absicht, meinen Sieg voll auszukosten, ließ ich meine Augen durch das Zimmer wandern und blieb an demjenigen meiner Söhne hängen, der am wenigsten Gnade für seinen armen Vater gezeigt hatte. »Jonathan, du hast doch drei Jungs, vielleicht solltest du auch darüber nachdenken, drei Hunde aufzunehmen.«

Hank begriff sofort, was für einen großen Fang ich da an der Leine hatte. Sein Augen blitzten hinterhältig, als er seinen Blick langsam auf den Teppich heftete und in todernstem Ton sagte: »Es ist furchtbar für einen Jungen, wenn er sich übergangen fühlt, vor allem an Weihnachten.«

Ich muss zugeben, dass ich manchmal einfach nicht aufhören kann, und dies war so ein Moment. »Jonathan«, fügte ich so ernsthaft und geflissentlich hinzu, wie ich nur konnte, »ich könnte dem Tierarzt sagen, dass er auch bei euch vorbeischauen und sich darum kümmern soll, dass deine drei Hunde geimpft sind.«

Gegen zehn Uhr wurde es allmählich ruhiger. Wir hatten die Weihnachtshund- Aktion an alle unsere Besucher an diesem Abend weiterempfohlen und vorgeschlagen, es doch zu einer Weihnachtstradition in

Cherokee County zu machen, dass jede Familie eine Woche lang einen Hund bei sich aufnimmt und sich um ihn kümmert. Todd war sehr hilfsbereit und zeigte zu keinem Zeitpunkt auch nur den kleinsten Zweifel, wenn ich erklärte, dass auch unser Hund nur ein Gast war.

Ich versuchte, mir die Gespräche vorzustellen, die meine älteren Söhne an diesem Abend auf der Heimfahrt in ihren Autos führen würden, denn ich war sicher, dass meine Enkelkinder nur noch das Thema Weihnachtshund kannten. Während ich einen leichten Anflug von schlechtem Gewissen spürte, wunderte ich mich darüber, wie schnell die Kinder von ihren Weihnachtswünschen abgekommen waren und sich nur noch für den Hund interessierten, dem sie helfen konnten.

Wahrscheinlich würden sie nun Rasse, Alter und Temperament diskutieren, und dann würden sich alle darin einig sein, dass es im Tierheim keinen besseren Hund als Christmas hätte geben können. Aber sie würden ihr Bestes tun, um einen guten Hund auszusuchen. Schließlich hatte jedes Tier einen schönen Platz über Weihnachten verdient. Ich hörte schon meine Söhne fragen: »Und wann ist Weihnachten vorbei?«

Was Todd begonnen hatte, trug nun Früchte. Unsere Kinder und Enkelkinder hatten etwas gefunden, worauf sie sich stürzen konnten und kreisten nicht mehr nur um sich selbst, und das schien ihnen gut zu tun. Weihnachten war für uns alle bedeutungsvoller geworden.

Todd war auf dem Sofa eingeschlafen. Mary Ann räumte die letzten halbleeren Gläser in die Küche. Christmas hatte sich den Bauch vollgeschlagen und schien sich schon für die Nacht eingerichtet zu haben. Er lag mit dem Rücken zum Feuer und hatte alle viere von sich gestreckt. Anstatt das Feuer wie sonst ausgehen zu lassen, legte ich zwei Scheite nach und schloss das Kaminfenster. Ich streichelte Christmas über den Kopf und beugte mich zur Trägersubstanz meines neu erworbenen Heiligenscheins herunter. »Nun, alter Junge, das war ein guter Tag, nicht wahr? Hast du überhaupt eine Vorstellung davon, was du da mit Todd losgetreten hast?«

Christmas drehte den Kopf und öffnete verschlafen seine grünen Augen. Er sah mich an, und ich hätte schwören können, dass sich seine schwarzen Lefzen zu einem Lächeln verzogen. Sein Schwanz strich faul hin und her. Ich musste zugeben, er war wirklich ein feiner alter Hund. »Also, gute Nacht, Christmas, wir sehen uns morgen früh.« Ich deckte Todd mit einer Wolldecke zu und löschte das Licht.

»Mary Ann«, rief ich leise, »ich gehe ins Bett.«

»Ich komme gleich nach, George«, hörte ich sie sagen, als ich die Treppe hinaufstieg. Die Art, wie sie meinen Namen aussprach, hatte etwas Zärtliches und trug all die Liebe in sich, die sie für mich empfand.

Ich putzte mir die Zähne, hängte meine Jeans an den Kleiderhaken, stellte meine Schuhe unter das Bett, löschte das Licht, schlüpfte unter die Decke und wartete auf Mary Ann. Als ich beinahe eingeschlummert war, hörte ich die Schritte. Sie waren schneller, als ich es erwartet hatte, und von einer Behändigkeit, die ich schon verloren geglaubt hatte. Aber das war noch nicht alles.

Sie ließ sich aufs Bett fallen. Als ich in der Dunkelheit meine Hand nach ihr ausstreckte, spürte ich warmes Fell. Es war Christmas. »Was in aller Welt tust du denn hier oben, alter Junge?« Er schlug rhythmisch mit dem Schwanz und wärmte meine Beine. Ich ließ mich wieder auf mein Kissen sinken und beschloss, ihn nicht hinauszuwerfen. Was machte es schon, wenn er diese Nacht hier schlief? Ich verhielt mich ja nur im Sinne des Projekts und gab einen ausgezeichneten Hundegastgeber ab, wenn auch nur für einen begrenzten Zeitraum.

Als Mary Ann ins Bett kam, war ich schon eingeschlafen. Sie stupste mich wach.

»George?«, fragte sie.

Ich hatte noch nicht fest geschlafen und stützte mich auf meine Ellbogen. »Ja, was ist, Liebes?«

»Ich mache mir Sorgen um dich.«

»Warum?«, fragte ich.

»Du scheinst dich angefreundet zu haben.«

»So?«

»George, wann ist Weihnachten vorbei?«

»Am 26. Dezember natürlich. Warum fragst du?«

Sie zog sich die Decke über die Schultern und kicherte in sich hinein. Dann drehte sie sich zur Seite und schlief ein.

SIEBEN

Als ich am nächsten Morgen nach getaner Arbeit ins Haus zurückkam, fand ich Todd in der Küche. Er telefonierte, Mary Ann stand neben ihm.

»Wie viele sind noch übrig, Hayley?«, fragte er. Todd kämpfte mit einem Stift und hatte auf einem Papier jede Zeile von eins bis sechzehn nummeriert. »Warte einen Moment, ich schreibe mit.«

Langsam zählte er mit: »Zwölf, dreizehn.« Hayley Donaldson wartete geduldig. Nun schrieb Todd gewissenhaft zu jedem Hund eine kurze Beschreibung in die jeweilige Zeile. Ich sah ihm über die Schulter, als er in seiner krakeligen Schrift in die erste Zeile schrieb: »Huski, Schefermix, sechs, Medchen.«

Meine Miene spiegelte Verzweiflung wider, als ich seine Rechtschreibung sah, aber Mary Ann runzelte die Stirn, legte einen Finger an den Mund und bedeutete mir zu schweigen.

Christmas, der offensichtlich den Oberbefehl führte, lag zu Todds Füßen und wischte im Dreivierteltakt mit seinem Schwanz über den Boden. Man hätte meinen können, er wäre auf unserer Veranda zur Welt gekommen. Er fühlte sich voll und ganz zu Hause.

Ich konnte nur den Kopf schütteln. Das hier würde den ganzen Vormittag dauern, und ich war sicher, dass Hayley eine Menge im Tierheim zu tun hatte. Schließlich hielt ich es nicht mehr aus. »Warte mal, Todd, lass mich reden.« Ich nahm ihm sanft den Hörer aus der Hand und sagte: »Hier ist George, Hayley. Kann ich Ihnen weiterhelfen?«

»Das haben Sie schon, Mr. McCray – mehr als Sie ahnen! Unsere Weihnachtsaktion läuft dieses Jahr sehr gut, und immer wieder hören wir: ›Die McCrays haben uns hergeschickt‹. Gerade hat mir Todd erzählt, dass Sie vorhaben, alle Hunde im Tierheim für die Feiertage zu vermitteln. Das freut uns sehr! Es ist einfach fantastisch!«

»Hayley, wir helfen Ihnen gerne, aber ich bezweifle, dass wir für alle Hunde einen Platz finden können. Es müssen ja noch Dutzende übrig sein.«

»Dank Ihrer Familie sind es nur noch achtundzwanzig, die Tiere in Quarantäne nicht mitgerechnet.«

»Sagen Sie mir, was für Tiere Sie noch haben, und wir werden sehen, was sich machen lässt. Aber ich kann nicht versprechen, dass das Tierheim an Weihnachten leer steht!«

Hayley ging die Reihe der übrigen vermittelbaren Hunde durch, und ich schrieb sie in die Liste. Als ich aufgelegt hatte, wandte ich mich an Todd. »Du überlegst, wo wir noch ein paar Hunde unterbringen könnten, ich habe noch etwas anderes zu tun.«

Nachdem ich ein defektes Heizkabel an unserer Viehtränke repariert hatte, kam ich zum Frühstück ins Haus zurück. Ich war gespannt, wie weit Todd inzwischen mit seiner Planung gekommen war. Er hatte mehrere Blatt Papier vor sich liegen und versuchte, die Hunde den möglichen Plätzen zuzuordnen. Er war bei Zeile 14 angelangt. Seine Handschrift wurde immer krakeliger, war aber immer noch lesbar. »Colliemix, Medchen, 7 … Merk und Cary.«

Als ich hineinging, um mich vor dem Frühstück ein wenig frisch zu machen, überlegte ich mir, ob ich dieser Vermittlerei nicht ein Ende machen sollte. Vielleicht lief das alles gerade aus dem Ruder. Dank dieses Hundes war ich selbst in eine missliche Lage gekommen, warum tat ich nun dasselbe meiner Familie und meinen Freunden an? Ich hatte auch Bedenken, dass ich Todd mit dieser Sache überforderte. Ich wusch mir die Hände und sah dabei in den Spiegel. Ich fragte mich, was ich tun sollte. Der Mann im Spiegel wusste es auch nicht, aber er nahm den Duft von Würstchen, Toast und frisch gebrühtem Kaffee wahr. Als ich hörte, wie eilig der Tisch gedeckt wurde, wusste ich, dass das Frühstück fertig war.

Nach all den Jahren unserer Ehe fragte ich mich

noch immer, wie Mary Ann es schaffte, das Frühstück immer genau in dem Moment vom Herd zu zaubern, wenn ich den Wasserhahn an dem alten Waschbecken zudrehte.

Wir setzten uns zum Frühstück, aber Todd würdigte sein Essen keines Blickes. Er telefonierte schon wieder mit Hayley, um noch mehr Einzelheiten über die Hunde zu erfahren. Es schien, als hätten sich die beiden inzwischen angefreundet.

»Ja, ich habe ihn Christmas getauft. Er liegt hier bei meinen Füßen. Wir werden für jeden Hund ein Zuhause finden.«

»Todd!«, unterbrach ich ihn. Ich konnte nicht anders. »Hör auf, ihr das zu erzählen! Wir können das nicht versprechen!«

»Ich muss jetzt auflegen. Mein Dad und ich haben noch viel zu tun.« Todd hängte den Hörer auf und lächelte. Ich hatte ihn noch nie glücklicher gesehen. Er war nicht überfordert – er war vollkommen glücklich, weil er wusste, dass er das Richtige tat. Eigentlich hatte ich nicht vorgehabt, den Tag damit zu verbringen, ein neues Zuhause für Hunde zu suchen. Doch mit einem Mal ging es mir wie Todd, und mir wurde ganz weihnachtlich zumute. Meine Vorbehalte schmolzen dahin, und ich stürzte mich auf die Sache.

»Todd, reich mir die Liste, dann versuchen wir, noch ein paar Hunde zu verteilen. Mary Ann, du rufst diese Leute an und erzählst ihnen etwas über ihren Hund. Und frag sie, wann sie ihn abholen können. Gib ihnen keine Gelegenheit zu widersprechen. Sie dürfen nicht mal daran denken.«

Ich glaubte Anzeichen von Protest in ihrem Gesicht zu lesen und wies sie zurecht: »Das hier ist ein Familienprojekt. Mary Ann, wir brauchen deine Hilfe. Todd, was meinst du zu Hank? Ich bin sicher, dass er noch keinen Hund ausgesucht hat. Wir wollen es ihm einfach machen. Du weißt ja, dass ein Milchbauer keinen Kläffer gebrauchen kann. Für Hank wäre ein älterer, ruhiger Hund am besten.«

Todd ging die Liste durch, bis er den perfekten Hund für Hank gefunden hatte. Er kritzelte Hanks Namen in die Zeile von Sally. »Gute Wahl?«, fragte er und hielt mir die Liste unter die Nase.

»Ja, ich erinnere mich an diesen trägen, alten Coonhound. Die alte Hundedame ist nicht einmal aufgestanden, um uns zu begrüßen. Das ist die perfekte Wahl für den alten Hank. Es gibt keinen besseren Hund für ihn. Jetzt brauchen wir jemanden, der die Sache zum Abschluss bringt. Jemand, der unvergleichliche Überredungskünste hat, am besten eine Rhetoriklehrerin. Kennst du irgendjemanden, der niemals ein Nein akzeptieren würde?«

»Du meinst Mom?«

»Perfekt! Sie ist genau die Richtige!« Damit drehte

ich mich zu meiner Frau um und sagte: »Mary Ann, ruf bitte Hanks Frau an und erzähl ihr, dass wir einen schwarzgrauen Coonhound für sie haben, ein Weibchen, zwölf Jahre alt, mag alle Kühe, bevorzugt allerdings Holsteiner.«

Mary Ann schien ebenfalls Feuer gefangen zu haben. Sie ging zum Telefon und wählte entschlossen die Nummer der Fishers.

»Jean, hier ist Mary Ann. Wie geht es dir heute Morgen? Ein schöner Tag, nicht wahr? Ist Hank schon mit dem Melken fertig? Wie schön, dass ihr uns gestern besucht habt. Sag mal, Jean, George und Todd haben gerade mit dem Tierheim telefoniert, und ich glaube, sie haben dort einen Coonhound namens Sally, der noch ein Zuhause sucht.« Sie machte eine kurze Pause und setzte dann zum Verkaufsgespräch an. »Seid ihr noch an einem Hund interessiert?«

Es entstand eine lange Pause, und Todd und ich fingen schon an, uns Sorgen zu machen.

»Nun, Jean, ich bin mir sicher, dass George und Todd ihn für euch abholen und ihn wahrscheinlich auch wieder zurückbringen könnten.«

Wieder entstand eine Pause, und ich trat näher an Mary Ann heran, damit ich verstehen konnte, was am anderen Ende der Leitung gesprochen wurde. Ganz leise hörte ich, was Jean sagte. Sie machte gerade einen entschlossenen Rückzieher. »Wir haben kein Hundefutter, und wir werden an Weihnachten schrecklich viel unterwegs sein, und Hank macht sich Sorgen, dass ein fremder Hund seine Kühe beunruhigen könnte.«

Ich flüsterte Mary Ann zu: »Wir kaufen das Hundefutter.«

Sie schob mich beiseite und drehte mir den Rücken zu. Wie alle Ehefrauen mochte Mary Ann es aus irgendeinem Grund nicht, wenn ich mit ihr redete, während sie telefonierte.

»Nun, Jean, ich verstehe das. Hank und du, ihr seid ja nicht mehr die Jüngsten. Wenn du mit Hank redest und er seine Meinung doch noch ändern sollte, ruf uns einfach an. Frohe Weihnachten!«

Todd sah mich entsetzt an. »Dad, ich verstehe das nicht. Hank hat es sich anders überlegt. Warum will er denn auf einmal keinen Hund mehr? Es ist doch nur für ein paar Tage!«

Es gab keine Antwort, die Todd zufrieden gestellt hätte. Er hätte niemals verstanden, dass die meisten Menschen irgendwann mal an einen Punkt kommen, wo sie ihre Ruhe haben und nichts mehr für andere tun wollen. »Ich weiß es auch nicht, mein Sohn. Vielleicht hat er zu viele Kühe.« Ich wusste, dass das eine beliebige Ausrede war. Wenn es nicht die Kühe waren, dann hatte man eben zu viele Kinder oder zu viel Arbeit oder zu viele Probleme.

Es war zwar eine harte Lektion, aber Todd sah nun selbst, dass in der eigenen Herberge nicht immer Raum für andere ist.

Auch die nächsten beiden Anrufe verliefen nicht erfolgreich. Ich fragte mich schon, ob aus diesem Familienprojekt überhaupt etwas werden würde. Eine innere Stimme riet mir, die Sache für heute auf sich beruhen zu lassen, aber Todd wollte davon nichts wissen.

»Jonathan nimmt die Hunde bestimmt auf. Du rufst ihn an. Ich weiß, dass er es tun wird.«

Ich wählte die Nummer und sprach mit meiner Schwiegertochter.

»Karen, hier ist George. Wie schön, dass ihr und die Jungs uns gestern besucht habt. Ich hoffe, es hat euch auch gefallen.«

»Oh, George, es war wunderschön. Die Kinder reden nur noch von dem Weihnachtshund.«

»Wirklich?«, fragte ich und hoffte, dass sie von sich aus weiter über dieses Thema sprechen würde.

»Ja, Jonathan und die Jungs sind in diesem Moment gerade auf dem Weg zum Tierheim.«

»Ach, Karen, würde es dir etwas ausmachen, das Todd selbst zu sagen? Er steht hier neben mir, und ich glaube, er würde es auch gerne hören.«

»Klar«, sagte sie, und ich reichte den Hörer weiter.

Die beiden redeten einen Moment miteinander,

und Todd war sichtlich erfreut über die Bereitschaft seines Bruders, bei dem Projekt mitzumachen.

Ein weiterer Anruf brachte zutage, dass meine Tochter Hannah wohl den Vormittag damit verbracht hatte, einen sehr scheuen Deutsch Kurzhaar namens Baron von seinem Zwinger hinauf in ihr Apartment zu schmuggeln, wo Haustiere verboten waren. Sie war sich aber sicher, dass diese Regel nicht auf vorübergehende Gäste zutraf. Und sie weiß alles über Richtlinien und Verträge, schließlich ist sie eine gut ausgebildete Steuerberaterin. Todd und ich waren überzeugt, dass sie Recht hatte.

Am 22. Dezember hatte unsere Familie insgesamt zwölf Hunde aufgenommen. Auch einige unserer Nachbarn und Freunde hatten sich bereit erklärt, bei dem Projekt mitzumachen, aber es waren immer noch siebzehn Hunde im Tierheim übrig, und uns fiel niemand mehr ein, an den wir sie vermitteln konnten.

Todd schien das keine Sorgen zu machen. Er schnappte sich das Telefonbuch und verkündete, dass er noch ein oder zwei Anrufe zu machen hätte. Dann verschwand er Richtung Schuppen. Ich ließ ihn gewähren. Eine Stunde später kam er zurück, ein breites Grinsen im Gesicht. Ich vermutete, dass er entweder den Gouverneur oder zumindest das Justizministerium überredet hatte, die restlichen Insassen des Cherokee-County-Tierheims aufzunehmen. Als wenig später ein Fahrzeug in unsere Einfahrt bog, war das Rätsel gelöst.

Um halb drei an diesem Nachmittag fand ein Wagen vom Fernsehen mit Todds Hilfe den Weg zu unserer Farm. Ich hatte das Auto mit einer großen Fünf auf der Tür und einer Satellitenantenne auf dem Dach schon in der Stadt vor dem Gerichtsgebäude gesehen. Im ersten Moment dachte ich, dass sie sich verfahren hätten oder dass auf dem Highway nicht weit von unserem Haus ein Unfall passiert wäre. Aber dann kam eine Frau an unsere Haustür, die ich als Moderatorin von Kanal 5 erkannte.

Todd rief: »Da ist jemand an der Tür! Wir kaufen nichts!«

»Nein, das ist ein Wagen vom Fernsehen.«

»Oh, das ist für mich«, meinte er daraufhin seelenruhig.

In diesem Moment wurde mir klar, was Todd am Telefon gemacht hatte. Wir gingen alle an die Tür und begrüßten die bekannte Fernsehmoderatorin mit scheuen Blicken. Sie stellte sich als Brenda Lewis vor und fragte nach Todd. Er trat sofort vor und gab ihr die Hand.

Sie lächelte ihn an. »Wie schön, dich kennen zu lernen, Todd. Der Programmleiter und ich wollten uns für das angenehme Gespräch heute Morgen bedanken und haben uns entschieden, deinem Vorschlag zu folgen und einen Beitrag über die Weihnachtshund-Aktion zu senden. Dürfen wir hereinkommen und mit dir über das Projekt reden?«

»Sicher, kommen Sie bitte herein.«

Wir setzten uns aufs Sofa vor dem Kamin. Brenda Lewis sprach mit Todd, schüttelte Christmas die Pfote und fragte mich, ob ich die Stereoanlage ein wenig lauter drehen könnte, wo Mary Ann zuvor Weihnachtssongs von Nat King Cole aufgelegt hatte. Während sie langsam auf den Kameramann zuging, erklärte Brenda ihrem Publikum die Weihnachtshund-Aktion. Als sie auf Todds Einsatz zu sprechen kam, schwenkte die Kamera auf uns und Christmas. Brenda sagte den Zuschauern, dass das Tierheim an diesem Abend länger geöffnet hätte und auch morgen den ganzen Vormittag für Besucher offen stand. Dann drehte sie eine Runde durch unser Wohnzimmer, der Kameramann folgte ihr und filmte unsere üppige Weihnachtsdekoration. Zum Schluss sagte Brenda mit ihrer besten Fernsehstimme: »Helfen wir alle mit, damit Todds Traum wahr werden kann. Bitte nehmen Sie über Weihnachten einen Hund auf!«

Danach verabschiedete sich das Fernsehteam, sagte uns noch, dass der Beitrag um sechs und um zehn Uhr gesendet würde, dann waren sie auch schon wieder verschwunden. Natürlich riefen wir gleich alle Bekannten, Freunde und Verwandten an und berichteten, dass Todd in den Fernsehnachrichten kommen würde.

Todd rief Hayley im Tierheim an, und sie traute ihren Ohren nicht. Der Tag schien sich endlos hinzuziehen, während wir ununterbrochen auf die Uhr schauten, um nur ja nicht Todds Werbesendung zu versäumen. Endlich, um sechs Uhr, versammelten sich Todd, Mary Ann, Christmas und meine Wenigkeit auf dem Sofa und lauschten Brenda Lewis in den Abendnachrichten. Von diesem Tag an war Todd ein großer Fan von Kanal 5.

Gegen sieben Uhr an diesem Abend, als wir schon gegessen hatten, kam Jonathan mit den Jungs vorbei, um uns ihre Hunde zu zeigen. Ich hatte meine Enkel noch nie so aufgeregt gesehen. Alle hatten den Beitrag im Fernsehen gesehen und zogen Todd nun damit auf, eine Berühmtheit zu sein. Er wirkte still, und ich fragte mich, was ihm Sorgen machte. Es kommt nicht oft vor, dass ein junger Mann wie Todd etwas Großes bewegen kann, auch wenn es nur in einer kleinen Ecke der Welt geschieht. Um zehn Uhr wurde noch einmal der gleiche Beitrag wie um sechs Uhr gesendet. Mary Ann und ich gingen zu Bett. Wir waren furchtbar stolz, dass unser Sohn und sein Adoptivhund nun berühmt waren.

Der Weihnachtstag rückte näher, und es gab noch viel zu tun. Ich kam gerade zur Hintertür ins Haus herein. Todd lag ausgestreckt auf dem Küchenboden,

Christmas hatte sich an ihn gekuschelt. Todd trug seine Kopfhörer und hatte die Augen geschlossen. Ich wartete ein paar Minuten, zog Handschuhe und Mütze aus, setzte mich an den Küchentisch und sagte so laut, dass er mich hören musste: »Guten Morgen, Todd. Ich habe dich heute bei unserer Arbeit vermisst. Was machst du da?«

Er nahm die Kopfhörer ab, stand auf und setzte sich zu mir an den Tisch, ohne etwas zu sagen. Er faltete seine Hände im Schoß.

»Was ist los mit dir, Todd? Fehlt dir was?«

»Nein, ich frage mich nur, ob alle Hunde einen Platz gefunden haben.«

»Das möchte ich auch gerne wissen. Komm, wir rufen Hayley an und fragen sie.«

Ich ließ es lange klingeln, aber niemand nahm ab. Hatten sie doch früher geschlossen? Ich wollte gerade wieder auflegen, als Hayley ganz außer Atem abnahm.

»Cherokee-County-Tierheim, Sie sprechen mit Hayley.«

»Hayley, wir sind es, George und Todd.«

»George, wir haben heute Vormittag alle Hunde untergebracht! Es war das reinste Chaos. Das Telefon ist heiß gelaufen. Dieser Freund von Ihnen, der Milchbauer …«

»Sie meinen Hank?«, fiel ich ihr ins Wort. Todd hatte Hayleys Neuigkeiten mit angehört und strahlte.

»Genau. Er war heute Morgen der Erste, als wir aufgesperrt haben. Er hat zwei genommen!«

Todd reckte eine Faust in die Luft und schrie seiner Mutter zu: »Hank hat zwei Hunde genommen! Wir haben es geschafft! Jeder Hund aus dem Tierheim hat einen Platz!« Christmas fing aufgeregt an zu bellen, als Mary Ann hereingestürzt kam. Die drei tanzten zusammen einen kleinen Siegestanz.

»Vielen Dank für alles, George. Sie und Todd haben unseren Hunden sehr geholfen.«

Ich fühlte mich ein wenig peinlich berührt, und Hayley sollte wissen, dass das alles eigentlich nicht mein Verdienst war. Laut genug, damit Hayley es am anderen Ende der Leitung hören konnte, rief ich Todd zu: »Das hast du toll gemacht, Todd!«

Ich wollte Hayley gerade frohe Weihnachten wünschen, als sie noch etwas sagte, diesmal mit einer Spur Enttäuschung in der Stimme. »Nun, George, ich habe vorhin gesagt, dass wir für alle unsere Hunde einen Platz gefunden haben. Das stimmt nicht ganz. Wir haben immer noch einen in Quarantäne. Ein Weibchen. Sie brauchen es Todd nicht zu erzählen. Ich kann morgen zurückkommen und sie füttern. Es geht in Ordnung. Ich möchte nicht, dass er denkt, er hätte sein Versprechen nicht gehalten. Ich weiß, wie sehr er sich bemüht hat, unsere Hunde alle unterzubringen.«

»Können Sie noch eine Stunde im Tierheim bleiben?«, fragte ich.

»Es gibt da etwas, was Sie wissen sollten, bevor Sie herkommen, George.«

»Was?«

»Sie erwartet jeden Moment Junge.«

ACHT

Auf der Wiese jenseits des Hauses konnten wir Rotwild beobachten, und vom Hof drang das Krächzen einer Eule herauf. Aber am deutlichsten ist mir von diesem Nachmittag die seltsame Spannung in Erinnerung geblieben, die unter einem wolkenlosen Himmel in der Luft lag. Etwas Besonderes ging in unserer Ecke des Universums vor sich. Mary Ann, Todd, Christmas und ich hatten uns alle ins Fahrerhäuschen meines Trucks gezwängt. Wir waren auf dem Weg zum Tierheim, um den letzten herrenlosen Hund von Cherokee County, Kansas, abzuholen. Ich hatte Jonathan angerufen, und er hatte sich bereit erklärt, mit den Jungs zu uns herauszukommen und mir dabei zu helfen, im Schuppen ein Plätzchen für unseren neuesten Gast zu bauen. Eigentlich hatten wir geplant, dass sie erst zum Abendessen und zur Bescherung kommen, aber nun kamen sie schon früher und gingen gleich an die Arbeit. Als wir losfuhren, zogen sie gerade Heizlampen aus der Garage und durchsuchten das Haus nach alten Betttüchern und Schüsseln.

»Vielleicht sollten wir gleich ins Tierheimgeschäft einsteigen«, scherzte ich, als wir aus der Ausfahrt bogen. Todd schien der Gedanke gar zu verführerisch, deshalb sah ich mich genötigt hinzuzufügen: »Das war nur Spaß. Tierheime bekommen kein Geld dafür, dass sie Hunde aufnehmen. Damit kann man kein Geld verdienen.«

Er sah verwirrt aus, deshalb suchte ich nach einer Erklärung: »Ein Tierheim ist so etwas wie ein Wohltätigkeitsverein. Es gibt niemanden, der für den Unterhalt der Tiere aufkommt. Die Hunde haben keine Besitzer, die für sie zahlen.«

Er sah immer noch ratlos aus. Ehe ich es gemerkt hatte, war ich zu weit gegangen. »Die Hunde haben kein Zuhause. Deswegen sind sie im Tierheim. Verstehst du?«

Todd war still. Ich hatte gedacht, Hayley hätte ihm das schon erklärt, aber Todd hatte sich nur gemerkt, dass es im Tierheim viele Hunde gab. Bisher hatte er sich noch nicht klargemacht, warum oder wie diese Hunde dorthin gekommen waren. Endlich, als er den Gedanken zu Ende gedacht hatte, fragte er: »Warum haben die Hunde keinen Besitzer?«

Ich versuchte noch einmal, es ihm verständlich zu machen und sagte: »Das ist schwer zu sagen. Manche Leute kaufen sich einen Hund und kommen dann nicht mit ihm zurecht. Manche Leute brauchen sehr viel Zeit für sich selbst und haben dann keine Zeit mehr, sich um ein Haustier zu kümmern. Aber du bist nicht so, nicht wahr?«

»Nein«, sagte er langsam.

»Das bewundere ich an dir, Todd.« In diesem Moment wurde mir klar, was einen wahren Tierfreund ausmacht.

»Dad, was geschieht mit Christmas, wenn wir ihn zurückbringen?«

»Er wird im Tierheim bleiben, bis ein ganz besonderer Mensch Christmas zu einem festen Bestandteil seines Lebens macht.«

»Was glaubst du, wie lange das dauern wird?«

»Bei den guten Hunden geht das ganz schnell, Todd. Vielleicht kannst du Hayley ja dabei helfen, einen guten Platz für ihn zu finden. Und wenn du ihn vermisst, kannst du jederzeit in die Stadt fahren und ihn besuchen.«

Todd sagte kein Wort, und ich hatte keine Ahnung, ob meine Antwort einen Sinn ergeben hatte oder ob es eine gute Idee gewesen war, ihm vorzuschlagen, Christmas zu besuchen, wenn wir ihn zurückgegeben haben würden.

Hayley freute sich, uns zu sehen, aber sie war überrascht, dass ich mit so viel Verstärkung gekommen war. Sie führte uns schnell hinein und dann einen Gang mit leeren Zwingern entlang. Wir kamen uns vor wie in einer Geisterstadt. Ganz am Ende des Ganges fanden wir schließlich die jüngste Erweiterung der Räumlichkeiten und den letzten verbliebenen Gast des Tierheims, ein Dackelweibchen, das die Tierpfleger Ruthie getauft hatten.

Mary Ann öffnete die Zwingertür. Ihr Mutterinstinkt hatte sich hemmungslos Bahn gebrochen. Sie raffte Ruthie an sich, ehe Todd und ich auch nur einen Blick auf den Hund werfen konnten. Ruthie begrüßte Mary Anns Gesicht eifrig mit ihrer kalten Nase, und es war sonnenklar, dass diese beiden dicke Freundinnen werden würden. Wir füllten die notwendigen Papiere aus, wünschten Hayley frohe Weihnachten und waren auch schon wieder auf der Rückfahrt.

Todd und Christmas wurden die ersten Opfer von Mary Anns neuer Freundschaft mit Ruthie. Sie wurden für die Heimfahrt hinten auf die Ladefläche des Trucks verfrachtet, wo sie sich unter eine Decke kauern mussten, um sich gegen die Kälte zu schützen. Ruthie saß, ohne viel zu zappeln, auf Mary Anns Schoß.

Mary Ann und ich summten die Weihnachtslieder aus dem Radio mit und waren beide richtig glücklich. Mary Ann strich mir über die Wange und ließ ihre Hand dann wieder auf Ruthie ruhen. Dies war wirklich ein Weihnachtsfest, das uns noch lange in Erinnerung bleiben würde.

Als ich den Truck in die Einfahrt lenkte, sahen wir, dass im Schuppen reges Treiben herrschte. Jonathan und die Kinder bereiteten eifrig alles für unseren neuen Weihnachtsgast vor. Ich fuhr am Haus vorbei und durch ein offenes Tor direkt in den Hof. Als wir ausstiegen, nahm Mary Ann Ruthie behutsam auf den Arm, und wir gingen zum Schuppen.

»Hallo!«, rief Jonathan, als wir die Tür öffneten. »Kommt her und schaut euch an, was wir gebaut haben!«

Eine der großen Boxen, in denen Dick und Doc untergebracht gewesen waren – jene Zugpferde, die vor vielen Jahren den Schneepflug meines Großvaters gezogen hatten –, diente nun als unsere provisorische Entbindungsstation. Jonathan hatte eine geräumige Kiste gezimmert und mit Stroh ausgelegt. An der Seite war eine Wärmelampe angebracht, und in der Ecke lagen ein paar alte Handtücher. Jonathan holte einen Liegestuhl aus der Garage und streckte sich darauf aus, während die Jungen noch ein paar Nägel einschlugen. Mary Ann stieg in die Kiste und setzte Ruthie behutsam auf dem Handtuchbett ab.

Wir hatten auf unserer Farm schon viele Geburten von unterschiedlichen Tieren miterlebt und hatten gelernt, dass die Natur selbst die beste Hebamme ist. Wir sorgten dafür, dass unsere Muttertiere ihre Ruhe hatten, und sie erledigten den Rest. Christmas sprang in die Kiste, schnüffelte an Ruthie und rollte sich dann neben ihr zusammen. Er stupste sie zart mit der Nase an den Ohren und im Gesicht. Ihr gefiel das gar nicht. Sie knurrte, und Christmas war klug genug, sich zurückzuziehen. Wie wohl sich Ruthie auch in der Gesellschaft von Menschen gefühlt hatte, so wollte sie doch nichts von einem fremden Rüden wissen, zumindest nicht in ihrem momentanen Zustand.

Mary Ann schimpfte den armen Hund aus. »Ihr Männer wisst einfach nicht, wann ihr mal Abstand halten solltet!«

Als unser Gast zu Todds und Mary Anns Zufriedenheit untergebracht war, gingen wir zum Essen zurück ins Haus. Wir aßen schnell, denn unsere Gedanken waren eher bei Ruthie als bei einem Nachschlag Kartoffelpüree. Nach dem Essen führte Schwester Mary Ann die Runde zu einer weiteren Visite zurück zum Kreißsaal. Sie hieß uns Männer draußen in der kalten Nachtluft warten, während sie mit Jonathans Frau Karen in den Schuppen ging. Als sie wieder herauskamen, fragte Jonathans jüngster Sohn Jeremy ungeduldig: »Großmutter, dürfen wir jetzt die Geschenke auspacken?«

Mary Ann nahm Jeremy auf den Arm und drückte ihn an sich. »Ja, es ist Zeit für die Bescherung«, sagte sie und warf noch einmal einen Blick auf die Schuppentür. »Schließt die Tür!«, rief sie, als sie Jeremy zum Haus trug.

Ich kann mich an keines der Geschenke an jenem Weihnachtsfest erinnern, weder an eines, das ich bekommen habe, noch an eines, das ich verschenkt habe. Ich verschenkte oder bekam sowieso selten etwas, was man wirklich brauchen konnte. Es war schon nach acht, als alle Geschenke ausgepackt waren und die Kinder wieder im Auto saßen.

Als Jonathan und seine Familie nach Hause gefahren waren, befestigte ich die rote Leine an Christmas' grünem Halsband und ging mit ihm hinaus. Ich wartete geduldig, bis er sein Geschäft erledigt hatte. Wir beobachteten, wie Todd und Mary Ann zum Schuppen hinuntergingen, um noch einmal nach Ruthie zu sehen. Christmas war ungewöhnlich aufgeregt und unruhig. Er zog an der Leine und winselte, und er bellte sogar ein- oder zweimal zum Wald hinüber, der an den Kill Creek grenzte. Ich vermutete, dass sich auf der nahegelegenen Wiese Rotwild tummelte.

Todd und Mary Ann gesellten sich zu mir und berichteten, dass Ruthie es sich gemütlich gemacht hatte und sich ausruhte. Als wir zum Haus gingen, zog Christmas an der Leine. Er folgte uns nur widerwillig und blieb in der Tür stehen, wandte sich zum Schuppen um und bellte noch einmal. Irgendetwas gefiel ihm nicht.

»Was ist los, Christmas?«, fragte ich. »Ist das Hotel Hilton nicht mehr gut genug für dich?« Offenbar waren wir zu erschöpft, um zu bemerken, dass die Schuppentür offen stand.

NEUN

Spät in der Nacht wurde ich von einem seltsamen Lärm aus dem Tiefschlaf gerissen. Es war nicht Santa Claus, der mit seinem Schlitten auf unserem Dach gelandet war. Es war ein Weihnachtshund, der laut bellte und sich mit seinem ganzen Gewicht gegen die Tür warf. Todd schrie: »Dad, Dad, mit Christmas stimmt was nicht!«

Hunde können ganz unterschiedlich bellen. Warnend zum Beispiel, oder einschüchternd, aber dieses Bellen war anders. Es war schrill, beinahe panisch und zutiefst besorgt. Ich versuchte, zu mir zu kommen, und als ich genauer lauschte, hörte ich auch Ruthie hysterisch bellen. Irgendjemand oder irgendetwas war im Schuppen, und das konnte nur Schlimmes bedeuten.

Mary Ann und ich warfen uns schnell die Bademäntel über, und ich beschloss, kein Risiko einzugehen. Mein Großvater hatte Recht, es war gut, ein Gewehr im Haus zu haben. Ich wühlte im Schrank herum und fand die alte Flinte, von der ich gehofft hatte, dass ich sie nie brauchen würde. Ich lud sie, nahm noch eine zusätzliche Patrone mit und rannte so schnell die Treppe hinunter, wie meine verschlafenen Glieder und mein steifes Bein es zuließen.

Als ich an die Haustür kam, hatte Todd sie schon geöffnet, und Christmas stürzte schneller hinaus, als ich es je für möglich gehalten hätte. Er jagte in langen Sprüngen über den Hof. Es schien, als würden seine Pfoten gar nicht den Boden berühren. Ich rannte, so schnell ich konnte, hinterher, konnte aber bei Christmas' Tempo nicht mithalten. »Seid vorsichtig!«, schrie uns Mary Ann hinterher.

Im Schuppen bellte Ruthie inzwischen noch verzweifelter. Dann hörte ich ein wildes Getöse, Knurren und Fauchen. »Todd!«, brüllte ich, »bleib vom Schuppen weg!«

Christmas zögerte keine Sekunde. Als er in den Schuppen stürzte, wurde sein Bellen noch heftiger, dann fing er an zu knurren. Einen Augenblick später vernahm ich ein Geräusch, das ich nur wenige Male in meinem ganzen Leben gehört hatte. Es war eindeutig der Aufruhr von zwei Lebewesen, die einen Kampf auf Leben und Tod führten. Es klang grauenhaft und unerbittlich. Den Geräuschen nach zu urteilen würde es in wenigen Augenblicken in diesem Schuppen keine Überlebenden geben. Würde Todd klug genug sein, sich aus so einem Kampf herauszuhalten? Er hatte den Schuppen noch nicht erreicht. Ich musste etwas tun. Schnell.

Ich hob mein Gewehr und feuerte in die Luft, in der Hoffnung, den Eindringling zu verscheuchen oder zumindest Todd so zu erschrecken, dass er innehalten würde. Das alte Gewehr war ein Ungetüm, und der Schuss dröhnte in meinen Ohren. Ich lud sofort nach. Obwohl ich seit 1969 keine Waffe mehr bedient hatte, wussten meine Hände sofort, was sie zu tun hatten, ohne dass ich nachdenken musste.

Gerade in dem Moment, als Todd die Schuppentür erreichte, die im Wind hin und her schlug, explodierte im Türrahmen ein brauner Blitz und hätte Todd beinahe umgeworfen. Ich traute meinen Augen nicht. Ein ausgewachsener Puma schoss an mir vorbei. Todd hatte Recht gehabt. Es war eine verdammt große Katze, und sie bewegte sich mit einer Eleganz und Kraft, wie ich sie weder bei Mensch noch Tier je beobachtet hatte.

Christmas jagte ihm mit der Leidenschaft eines seit Jahrhunderten gezüchteten Jagdinstinkts hinterher. Er bellte, Todd schrie auf, und alle drei stürmten über den Hof. Die Raubkatze erreichte den Zaun, aber anstatt darüberzuspringen, fuhr sie herum und bot Christmas, der sie eingeholt hatte, die Stirn. Durch den Bewegungsmelder ging die Hofbeleuchtung an, und ich konnte sehen, wie die Katze fauchte und mit den Tatzen drohte, als Christmas mit einem bösen Knurren vor ihr hin und her, vor und zurück tänzelte. Sprang die Katze vor, wich Christmas zurück. Wenn sich die Katze leicht zurückzog, wagte Christmas einen neuen Vorstoß, ließ sich aber sofort wieder einschüchtern. Die Raubkatze wurde immer aggressiver, schließlich duckte sie sich und machte dann einen Satz auf Christmas zu. Sie versetzte ihm mit der rechten Tatze einen gewaltigen Schlag gegen die Brust. Christmas wurde wie eine Fliege durch die Luft geschleudert. Er rappelte sich sofort wieder auf und ging wütend zum Gegenangriff über, in völliger Verachtung der Größe und Überlegenheit seines Gegners.

Ich hoffte nur, dass Todd bei aller Aufregung klug genug war, sich nicht in einen solchen Kampf einzumischen. Ich musste mit allem rechnen und machte mir die größten Sorgen um ihn. Ich stützte mich an der Schuppenwand ab und zielte mit dem Visier meiner Flinte auf die Raubkatze. Sie war circa 50 Meter entfernt, und es würde ein riskanter Schuss werden, auch weil mir Todd und Christmas dauernd in die Schusslinie gerieten.

»Todd!«, brüllte ich, »leg dich flach auf den Boden, damit ich schießen kann!« Aber er war wohl zu aufgeregt, er lief einfach weiter. Gleich würde es zur Katastrophe kommen. Ich hatte nur noch einen Schuss. Blitzschnell versuchte ich meine Chancen abzuschätzen. Mir kam der Gedanke, dass es am einfachsten wäre, auf Todds Bein zu zielen. Es könnte ihm das Leben retten. Ich dachte auch kurz an den Hund. Ich war sicher, dass die Katze sich zurückziehen würde, wenn sie nicht mehr angegriffen würde. Der Schuss auf die Raubkatze war der gefährlichste, aber ich wusste, dass ich mit keiner anderen Lösung hätte leben können. Wieder versuchte ich, auf die Katze zu zielen, aber sie bewegte sich zu schnell. Ich traute mir einen solchen Schuss nicht zu, schon gar nicht mit einem so alten Gewehr. Wenn ich das Tier nur verwundete, würde ich damit alles nur noch schlimmer machen. Denn wenn es nicht mehr fliehen konnte, wäre es gezwungen, den Kampf bis zum bitteren Ende zu führen.

Der Schuss musste tödlich sein. Ich suchte fieberhaft nach einer anderen Lösung, und plötzlich wusste ich, was ich zu tun hatte. Mir war nicht wohl dabei, aber etwas anderes fiel mir nicht ein.

Ich zielte und drückte ab. Das alte Gewehr explodierte förmlich in meinen Armen, und die Wucht des Schusses warf mich zurück. Der Knall war sicher in ganz Cherokee County zu hören. Todd blieb wie versteinert stehen, ich hatte ihn wieder in die Wirklichkeit zurückgeholt. Die Kugel schlug in den Kiesboden zwischen dem Puma und Christmas. Steine stoben den beiden Tieren ins Gesicht. Ich ließ das Gewehr sinken.

Ich wusste, dass ich nur ein paar Sekunden Zeit hatte, in denen der Hund durch den Schuss abgelenkt war. Ich brüllte, so laut ich konnte: »Christmas!!« Als er sich nach mir umwandte, brüllte ich den Befehl, den wir in den letzten Tagen so oft geübt hatten: »Sitz!« Ich deutete mit meiner flachen Hand auf den Boden.

Christmas sah mich an, aber er gehorchte nicht. Im nächsten Moment war er wieder abgelenkt. Die Raubkatze witterte ihre Chance, drehte sich um, nahm alle Kraft zusammen und sprang mit einem gewaltigen Satz über den Zaun.

Als Christmas merkte, dass sein Gegner geflohen war, lief er verzweifelt den Zaun auf und ab und suchte nach einer Lücke. Todd und ich schrien ihm hinterher, aber es hatte keinen Sinn. Er zwängte sich durch ein Loch und jagte mit wildem Gebell hinter der Katze her in die Dunkelheit. Die beiden Tiere überquerten die Wiese und waren bald aus dem Lichtkegel der Hoflampe in den nahen Wald verschwunden. Mir war klar, dass der Puma Christmas sofort abgehängt haben würde.

»Todd, alles in Ordnung? Komm, wir schauen, was im Schuppen los ist.« Er zögerte und starrte auf den Zaun, hinter dem Christmas verschwunden war, drehte sich dann aber um und kam zu mir zurück.

Ich war schon außer Atem, noch ehe ich die Schuppentür erreicht hatte. Mary Ann war an meiner Seite, als ich das Licht im Schuppen andrehte. Wir rechneten mit dem Schlimmsten. Ruthie lag zusammengekauert in einer Ecke. Mary Ann näherte sich vorsichtig dem bewegungslosen Körper. Ich hatte nicht den Mut dazu und blieb zurück.

Mary Ann stieß einen aufgeregten Schrei aus. »Drei Stück!«

Ruthie hatte drei Junge geboren, die nun bei ihr Milch saugten.

»Drei Welpen«, wiederholte ich.

Ehe wir wieder ins Bett gehen konnten, kam Christmas schon zum Schuppen zurück. Wir saßen immer noch bei Ruthie, und er spazierte herein, als hätte er nur mal eben einen kleinen Mitternachtsausflug gemacht. Trotz des Schlages, den ihm der Puma versetzt hatte, war er erstaunlicherweise unversehrt geblieben, abgesehen von ein paar Kratzern.

Todd umarmte den Hund. »Das war eine große Katze, Dad. Aber nicht zu groß für Christmas, nicht wahr?«

»Nein, ich glaube, du hattest Recht, Todd. Christmas kann es mit jeder Raubkatze aufnehmen.«

Mary Ann wandte sich zu mir um. »Ich hatte genug Aufregung für heute. Wir sollten Ruthie jetzt mit ihrem Nachwuchs allein lassen. Die Nacht ist sowieso bald vorbei.«

Ehe wir zum Haus gingen, prüften wir mehrmals,

ob die Schuppentür auch wirklich verschlossen war. Todd ging gleich ins Bett. Mary Ann und ich ließen uns auf die beiden großen Sessel vor dem Kamin fallen, wir hatten immer noch Herzklopfen von all der Aufregung. Auch Christmas wirkte ruhelos. Er setzte sich zwischen uns und kratzte mich mit der Pfote am Knie. »Du willst wohl gekrault werden?«, fragte ich. »Ich glaube, das hast du dir auch verdient. Du bist wirklich ein ganz erstaunlicher Hund.« Er jaulte kurz auf und legte sich dann zu unseren Füßen schlafen.

ZEHN

An diese Weihnachtsfeiertage sollten wir uns noch lange erinnern. Ich war spät dran mit meiner Runde, denn Todd, Mary Ann und ich schauten stündlich bei Ruthie im Schuppen vorbei, um nachzusehen, ob es ihr und den Welpen auch gut ging. Die Kratzer, die die Raubkatze Christmas zugefügt hatte, waren nicht gefährlich, aber trotzdem reinigte Todd jeden einzelnen mit Jod.

Hayley rief an. Sie bestand darauf, den weiten Weg bis zu uns herauszufahren, um sich den Wurf anzusehen. Sie war kaum angekommen, als Todd ihr auch schon jeden Welpen einzeln vorführte und von unserem Abenteuer in der letzten Nacht erzählte. Ich bin nicht ganz sicher, was sie mehr beeindruckte: Todds Fähigkeiten im Umgang mit Tieren oder Christmas' Fähigkeiten im Umgang mit Pumas.

Sie wartete den richtigen Moment ab, dann zog sie mich zur Seite und flüsterte: »George, würden Sie mich nach Weihnachten mal anrufen? Ich würde mich gerne mit Ihnen über Todd unterhalten. Wir hätten da vielleicht einen Job für ihn im Tierheim. Die Stelle ist schon länger frei, aber ich habe bisher noch niemanden eingestellt. Ich habe immer noch gewartet, dass sich die richtige Person darauf bewirbt. Ich glaube, ich habe sie jetzt gefunden.«

»Ein schöneres Weihnachtsgeschenk für Todd kann ich mir nicht vorstellen«, sagte ich. Während ich zustimmend nickte, beschloss ich, Todd und seiner Mutter bis zum 26. Dezember noch nichts von der Sache zu erzählen. Ich wollte erst das Thema mit Christmas' Rückkehr ins Tierheim klären.

Später an diesem Vormittag kam das Fernsehteam von Kanal 5 bei uns vorbei, um einen Folgebericht über die Welpen und die Weihnachtshund-Aktion aufzuzeichnen. Brenda Lewis machte ein Foto, auf dem Todd, Mary Ann und ich zu sehen sind, wie wir jeder einen Welpen auf dem Arm halten, während Ruthie und Christmas uns wie stolze Eltern betrachten. Das Bild steht jetzt bei uns eingerahmt auf dem Kaminsims.

Als das Fernsehteam bei uns fertig war, fuhren sie weiter zu Hank, um auch über ihn einen kurzen Beitrag zu drehen. Offenbar war er mit seinen beiden Hunden glücklich.

Der Weihnachtstag selbst verlief zum Glück ganz ruhig. Zwei meiner Enkelkinder riefen mehrmals an, um Todd zu erzählen, was ihre Weihnachtshunde alles ausgefressen hatten. Todd wiederum berichtete von unserem Abenteuer. Wie es aussah, hatten wir uns trotz all meiner Bemühungen in die Liste derer eingereiht, die behaupteten, einen Puma gesehen zu haben, ohne auch nur den geringsten Beweis dafür zu haben – außer vielleicht ein paar Jodflecken in Christmas' Fell.

Zum Mittagsessen wärmte Mary Ann das Essen vom Vortag auf, und für den Rest des Tages ruhten wir uns aus. Wir genossen einfach nur die Wintersonne, die durchs Fenster fiel, legten Scheite im Kamin nach und freuten uns über unsere vierbeinigen Gäste. Wir waren alle noch müde von den Aufregungen am Vorabend und gönnten uns Ruhe. Unser Hund lag zusammengerollt neben uns.

Am Abend sanken wir erschöpft ins Bett. Mary Ann beugte sich zu mir herüber, gab mir einen Kuss auf die Wange und sagte: »Fröhliche Weihnachten, George.«

Ich nahm sie fest in die Arme, nicht nur, weil ich sie liebte, sondern auch, weil ich den Moment festhalten wollte – das Weihnachtsfest, das mir immer in Erinnerung bleiben sollte. »Fröhliche Weihnachten, Mary Ann.«

»George?«, fragte sie vorsichtig, »was hast du morgen mit Christmas vor?«

Ich nahm ihre Hand, drückte sie sanft und erwiderte wahrheitsgemäß: »Ich weiß es nicht.« Am liebsten hätte ich Todd gesagt, dass Christmas für immer bei uns bleiben würde, aber irgendetwas ließ mich zögern. In diesem Moment konnte ich noch nicht erklären, dass ich Todd ein bedeutenderes Geschenk machen wollte als einen Hund. Ich wusste nicht, wie ich erklären sollte, dass gerade das Geschenk, in dem am meisten Liebe steckt, nicht immer in Geschenkpapier verpackt und überreicht werden kann. Ich wusste nicht, ob Mary Ann akzeptieren würde, dass eines der größten Geschenke, die wir Todd machen konnten, gerade darin lag, ihm etwas zu verweigern. Ich wusste genau, was ich zu tun hatte, ich wusste nur nicht, wie ich es anstellen sollte. Außerdem wollte ich es eigentlich selbst nicht. Natürlich wäre es am einfachsten gewesen, Todd zu erlauben, den Hund zu behalten. Es war einer dieser verstörenden Momente im Leben, wo man nicht weiß, ob ein wahrer Held seinen Posten verteidigen oder zurückweichen und seinen Irrtum eingestehen sollte.

Der 26. Dezember war ein strahlender, bitterkalter Tag. Als ich hinausging, um nach den Tieren zu sehen, war Todd schon im Schuppen. Christmas war bei ihm. Todd saß im Liegestuhl und hatte einen winzigen Welpen auf dem Arm. Todd, Christmas, Ruthie und die Welpen hatten sich alle hier auf unserer kleinen Farm getroffen. Für einen kurzen Augenblick waren sie wie eine kleine Familie. Ich hatte nicht die Kraft ihnen zu sagen, dass es so nicht bleiben konnte. Ich drehte um und ging zurück zum Haus, bevor einer von ihnen bemerken würde, dass ich sie von der Tür aus beobachtet hatte.

Nach dem Frühstück kam Todd zu mir. »Ich habe Hayley angerufen. Sie kommt her und hilft uns mit Ruthie und den Welpen.«

Ich sah ihn über den Rand meiner Zeitung hinweg an. »Das ist gut, Todd.«

»Dad?«

»Ja, Todd?« Ich machte mich innerlich auf das gefasst, was jetzt kommen würde.

»Wegen Christmas ...«, fing er an.

»Ja?«

Zu meiner Überraschung redete er in ganz sachlichem Ton weiter: »Heute ist der 26. Dezember, und wir müssen ihn zurückbringen. So funktioniert das Projekt. Man bringt die Hunde am 26. Dezember zurück.«

Ich sah zu Mary Ann hinüber und fürchtete schon, sie würde in Tränen ausbrechen. Aber es kullerten nur ein paar einzelne über ihre Wangen. Und ich hatte gedacht, Todd würde weinen.

Natürlich geschieht so etwas nicht von einem Tag auf den anderen, aber in diesem Moment wusste ich, dass Todd dem Erwachsenwerden einen gewaltigen

Schritt näher gekommen war. Er hatte etwas ungeheuer Wichtiges gelernt: Er hielt sein Wort, auch wenn er keinen Sinn in der Abmachung sah. Ich nahm ihn in den Arm und sagte: »Das ist richtig, mein Sohn. So funktioniert das Projekt. Und das Projekt ist doch gut, oder?«

Später an diesem Vormittag kam Hayley vorbei, um Ruthie und die Welpen abzuholen, und Todd begleitete sie hinaus, um ihr zu helfen. Sie sagte nichts davon, dass sie Christmas mitnehmen würde, und wir erwähnten es auch nicht. Ich hielt mich abseits und verwünschte mich selbst. Ich war mir noch immer nicht sicher, wie ich mich entscheiden sollte, und tat mir selbst ein wenig leid. Es war wieder dasselbe. Ich hatte diesen Hund lieb gewonnen, und nun würde ich ihn verlieren, genau wie Tucker und Charlie. Einsam und verlassen saß ich auf dem Melkschemel und grübelte vor mich hin. Ich hatte noch immer keine gute Antwort gefunden.

Als ich zum Haus zurückkam, wartete Todd dort auf mich. Er saß in seiner ausgewaschenen blauen Jeans und mit den roten Turnschuhen auf der Veranda und hörte Radio. Leise summte er ein Weihnachtslied mit. Als ich zu ihm hinaufging, lächelte er nur und streichelte Christmas, hakte die grüne Leine an sein rotes Halsband und ging mit ihm zum Truck. Christmas beschwerte sich nicht und sträubte sich nicht. Er sprang ins Fahrerhäuschen, und die beiden warteten geduldig, während ich nervös nach meinen Schlüsseln suchte und verzweifelt nach einem vernünftigen Ausweg suchte, um die Katastrophe noch abzuwenden.

Die Fahrt in die Stadt an diesem Morgen dauerte eine Ewigkeit. Todd bat mich kein einziges Mal, unsere Abmachung, Christmas zurückzubringen, noch einmal zu überdenken. Er saß nur geduldig mit seinen Kopfhörern da, einen Arm beschützend um Christmas gelegt.

Heute war der 26. Dezember, und Christmas kam wie versprochen zurück ins Tierheim. Noch nie in meinem Leben war ich so stolz auf Todd gewesen, und noch nie war ich von mir selbst mehr enttäuscht gewesen. Todd war auf dem besten Weg erwachsen zu werden. Auf welchem Weg ich gerade war, wusste ich nicht genau. Als wir am Tierheim ankamen, sprang Todd aus dem Auto, und Christmas folgte ihm auf den Fersen. Als ich zögerte, spähte Todd ins Auto und sagte: »Keine Sorge, ich mache das für dich. Ich bringe Christmas hinein.«

Er warf die Autotür zu und ging zum Eingang des Tierheims. Als er die Tür öffnete, blieb Christmas stehen, drehte sich um und sah zu mir zurück. Ich lehnte mich über den Beifahrersitz und hatte die Hand schon an der Tür, ich wollte sie aufstoßen, die beiden zurückrufen und all dem ein Ende machen. Aber ich riss mich zusammen. Ich hatte von Todd verlangt, wie ein Mann zu handeln, und ich würde diese Leistung von ihm nicht zunichte machen, egal wie hart das für mich war. Also blieb ich einfach sitzen und wartete. Ich fühlte mich schrecklich. Nach ein paar Minuten kamen Hayley und Todd heraus. Hayley kam zur Fahrerseite herüber, und ich kurbelte die Scheibe herunter.

Sie klopfte mir auf die Schulter und sagte: »Keine Sorge, Mr McCray, wir werden uns gut um ihn kümmern.«

»Danke«, war alles, was ich herausbrachte. Ich sah zu Todd. Er hatte schon wieder seine Kopfhörer aufgesetzt und war in seine eigene Welt abgetaucht. Ich zwang mich dazu, den Rückwärtsgang einzulegen, und wir fuhren nach Hause.

Ich hielt bestimmt zehnmal Ausschau nach einem geeigneten Platz zum Wenden, um zurückzufahren und diesen Hund wieder abzuholen. Aber ich fuhr immer weiter nach Westen, bis unsere Farm in Sicht kam. In ein paar Tagen würden wir uns alle besser fühlen.

ELF

Mary Ann versuchte Geduld mit mir zu haben. Sie wusste, dass ich wirklich nur das Beste für Todd wollte und es mir nicht leicht machte. Und doch wäre es in den nun folgenden Tagen draußen wohl gemütlicher gewesen als im Haus, wo mir von meiner Ehefrau ein arktischer Wind entgegenschlug. Todd rief mehrmals täglich bei Hayley an, um sich nach Christmas und Ruthie zu erkundigen. Wie sie ihm versicherte, ging es den beiden gut.

Am 29. Dezember rief Hayley an und wollte mich sprechen. Ich nahm an, dass sie mit mir über den Job reden wollte, den sie schon erwähnt hatte, aber ich wollte mich nicht zu früh freuen.

»Also«, fing ich an, »wie ich höre, geht es Christmas gut.«

»Ja, in der Tat. Ich wollte mich nur bei Ihnen und Ihrer Familie für alles bedanken, was Sie für uns getan haben. Das Programm war dieses Jahr ein riesiger Erfolg. Ich glaube, dass alle Pflegefamilien großen Spaß mit ihren Gästen hatten. Über die Hälfte der Familien haben ihren Hund behalten, sodass wir nun nicht mehr so überfüllt sind.«

»Über die Hälfte haben ihre Hunde behalten?«, wiederholte ich verblüfft. »Wirklich? Aber ich dachte, dass so gut wie alle ihre Hunde zurückbringen würden. So war die Aktion doch gedacht.«

»Natürlich wollen wir nicht, dass irgendjemand einen Hund behält, den er nicht haben möchte, aber wenn eine Familie ihren Hund mag und unsere Ansprüche an Hundehalter erfüllt, dann sind wir natürlich froh, ein gutes Zuhause für ihn gefunden zu haben.«

Ich schwieg, während sich ihre Worte langsam setzten. In meinem blinden Eifer, Todd eine Lektion übers Erwachsenwerden beizubringen, war es mir überhaupt nicht in den Sinn gekommen, dass die meisten Teilnehmer ihren Hund behalten würden. So gesehen war es noch viel schlimmer, dass wir Christmas zurückgebracht hatten.

»Ich glaube, ich habe das alles falsch verstanden«, brachte ich endlich hervor.

»Nein, es gibt hier kein richtig und falsch, George. Es zählt einzig und allein, was für Ihre Familie gut ist. Wir planen übrigens, die Weihnachtsaktion nächstes Jahr auf Katzen auszuweiten!«

»Hm«, murmelte ich.

»Übrigens, George, ich wollte mit Ihnen über den Job im Tierheim sprechen. Wir würden die Stelle gerne Todd anbieten. Wir können nicht viel bezahlen, aber ich wette, es würde ihm Spaß machen. Er kann so gut mit Tieren umgehen. Sie vertrauen ihm. Was meinen Sie?«

Ich dachte nur: *Das muss ein Traum sein.* Ich freute mich so sehr für Todd und war glücklich, dass noch jemand außer seiner Mutter und mir erkannt hatte, was in ihm steckte. Ich hatte immer gehofft, dass Todd eines Tages eine Arbeit bekommen und zu ein bisschen Normalität in seinem Leben finden würde. Ich hätte vor Freude einen Luftsprung machen können, aber ich riss mich zusammen und lächelte nur zu Mary Ann hinüber, die mir den Hörer weitergereicht und gewartet hatte.

Sie sah mich fragend an und spürte wohl meine Aufregung. Ich flüsterte ihr zu: »Das Tierheim hat einen Job für Todd!« Und wieder kamen der armen Mary Ann die Tränen.

»Wann kann er anfangen?«, fragte ich Hayley.

»Schon Montag früh?«

»Um welche Uhrzeit?«

»Dreiviertel acht wäre ausreichend. Das Tierheim öffnet um acht Uhr.«

»Wir werden da sein, Hayley! Und vielen Dank!«

»George, nur noch eine Sache …«

»Ja, Hayley?«

»Es haben sich inzwischen zwei Familien gemeldet, die Christmas aufnehmen wollen. Die eine will in ihm ihren Hund erkannt haben, der vor Monaten entlaufen ist. Sie sagen, dass sie ihn in den Nachrichten gesehen hätten. Ich habe ihnen gesagt, dass wir Christmas noch für ein paar Tage hierbehalten müssen, weil die Adoptionsfamilie immer die erste Wahl hat. Soll ich ihn weggeben?«

»Hayley, geben Sie mir eine kurze Bedenkzeit«, sagte ich. Meine Hochstimmung verflog. Ich wusste immer noch nicht, was ich tun sollte.

»Ich werde bis heute Abend warten. Um fünf Uhr schließen wir, mehr Zeit kann ich Ihnen nicht geben.«

»Vielen Dank für alles. Mary Ann und ich freuen uns so sehr, und wir glauben, dass es auf der ganzen Welt niemanden gibt, der sich besser um die Hunde im Tierheim kümmern würde als Todd. Sie können sich auf uns verlassen. Wir werden Sie nicht enttäuschen.«

»Davon bin ich überzeugt, George.«

»Hayley, wegen dem Hund melde ich mich bei Ihnen.«

»Kein Problem.«

Als ich den Hörer aufhängte, war ich so aufgeregt, dass ich kaum wusste, was ich tun sollte. Mary Ann und ich tanzten durchs Zimmer, bis ich herausplatzte: »Ich hatte also Recht.«

Sie trat zurück. »Was meinst du damit?«

»Es hat sich ausgezahlt, Todd zu einem erwachsenen Menschen zu erziehen. Den Hund zurückzubringen. Das meine ich. Es war also richtig.«

»George McCray, wie kommst du dazu, dir das auf die Fahnen zu schreiben? Das ist allein Todds Verdienst. Du bist immer noch ein alter Narr, dass du den Hund nicht behalten hast.«

Ich nahm an, dass sie Recht hatte, aber natürlich macht einen nichts wütender, als mit jemandem verheiratet zu sein, der Recht hat. Deshalb fuhr ich sie an: »Nun, ich hoffe, dass das Tierheim nicht jemanden sucht, der höher als zwei Sprossen auf eine Leiter klettern oder einen Truck schneller als im ersten Gang fahren kann.«

Im selben Moment, als ich das sagte, wusste ich, dass der Kommentar ungerecht war. Und in der Tat stürmte Mary Ann aus der Küche.

Ich wollte mich nicht weiter ihrem Zorn aussetzen und verließ Türen knallend das Haus. Auf dem Hof hielt ich nach Todd Ausschau. Wahrscheinlich war er auf einer seiner Entdeckungstouren, denn ich konnte ihn nirgends finden. Ich beschloss, den Truck zu nehmen und Hank einen Besuch abzustatten. Er würde sich sicher sehr für Todd freuen. Außerdem fand Hank oft eine Lösung für Probleme, bei denen ich durch Grübeln auf meinem Melkschemel nicht weiterkam.

Hank war unten in seinem Schuppen mit dem beschäftigt, was Farmer am häufigsten tun: die Maschinen richten, die ihnen das Leben einfacher machen sollen. Wenn man für Hank einen Schraubenschlüssel hält, kann man viele weise Dinge hören. Als ich ankam, tauschte er gerade ein paar kaputte Zahnräder an einem Heuwender aus und kaute auf einem Zigarettenstummel herum. Er spuckte aus und lachte, als ich ihm unser Abenteuer mit dem Puma erzählte.

»Ein Puma?«, fragte er argwöhnisch.

Offensichtlich war er mit dem Coonhound gut zurechtgekommen. Er hatte den anderen Hund zurückgebracht, weil er entschieden hatte, dass ein Hund genug war. Er erklärte mir, dass Sally die beste Anschaffung war, die er seit Jahren gemacht hatte. Und auch noch umsonst. Dann kam ich auf Todd zu sprechen.

»Es ist so, Hank. Es ist mir wichtiger, dass Todd lernt, Verantwortung zu übernehmen, als dass er einen Hund bekommt. Durch diesen Job im Tierheim ist er ohnehin jeden Tag mit Hunden zusammen.«

»Das klingt vernünftig, George. Würdest du mir bitte das Kännchen mit dem Lösungsmittel reichen?«

Ich gab ihm das Kännchen, und er sprühte eine Schraubenmutter ein, die festsaß. Ich fuhr fort: »Dieser Job ist für Todd ein großer Schritt in die richtige Richtung. Es scheint mir der falsche Weg zu sein, wenn ich jetzt klein beigeben würde.«

Hank knurrte und schaffte es, die Mutter von der Schraube zu lösen. »Klingt, als würdest du versuchen, dich selbst von etwas zu überzeugen. Wovor hast du Angst?«

Ich sah ihn überrascht an, und er merkte, dass er sich deutlicher ausdrücken musste. Ich drängte: »Was meinst du damit?«

»Bist du sicher, dass es hier nicht vielmehr um dich als um Todd geht?«

»Was?« Ich war noch immer verwirrt.

»Vielleicht liege ich ja falsch, George, aber ob Todd diesen Hund nun bekommt oder nicht, macht auf lange Sicht doch überhaupt keinen Unterschied. Jedenfalls nicht für Todd.« Er sah mir direkt in die Augen. »Dir täte es gut, den Hund zu behalten, George.«

»Wie meinst du das?«

»George, du verbringst dein ganzes Leben damit, dich um irgendwas zu kümmern. Das ist das Leben eines Farmers. Du kümmerst dich um Zäune, Tiere, Maschinen und Pflanzen. Du hegst und pflegst und bringst Dinge zum Blühen. Wie dein Vater und dein Großvater vor dir bist du ein guter Farmer, ein guter Vater und ein guter Ehemann.« Er schmunzelte und fügte dann hinzu: »Und ein verdammt guter Nachbar.

Das Problem dabei ist, dass du dich so sehr daran gewöhnt hast, anderen etwas zu geben, dass du verlernt hast, dir etwas zurückgeben zu lassen, George. Aus irgendeinem Grund fühlst du dich damit nicht wohl. Seit du aus diesem Krieg heimgekehrt bist, George, willst du nicht, dass irgendjemand etwas für dich tut. Warum?«

Genauso gut hätte mir Hank mit seinem Schraubenschlüssel einen Schlag auf den Kopf versetzen können. »Ehrlich, Hank, mir kam nicht ein einziges Mal der Gedanke, dass das alles etwas mit mir zu tun haben könnte.«

Hank knurrte und spuckte ein paar Tabakkrümel auf den Schuppenboden. »Würdest du mir bitte die Drahtbürste dort drüben reichen?«

Er gab mir den Schraubenschlüssel und nahm die Bürste. »George, in dieser Sache geht es nur um dich und überhaupt nicht um Todd. Lass dir das mal durch den Kopf gehen.« Er spuckte noch einmal einen Tabakkrümel aus. »Aber natürlich kann ich mich auch irren.«

Wir wussten beide, dass er Recht hatte. Ich blieb noch eine Weile, gab Hank sein Werkzeug und sah zu, wie sein Atem in der kalten Winterluft kondensierte. Ich reichte ihm noch eine Bürste, einen Hammer und einen Schraubenzieher. Schließlich wusste ich, dass ich nach Hause gehen sollte.

»Willst du nicht noch auf einen Kaffee bleiben?«, fragte Hank.

»Nein, danke. Ich muss mich noch um eine Hundeangelegenheit kümmern.«

Er legte mir die Hand auf den Arm. »Das wird dir gut tun, George.«

Auf der Rückfahrt fasste ich einen Entschluss. Ich musste einen Weg finden, die Sache zu regeln, ohne Kompromisse einzugehen und ohne Todd eine Lektion zu erteilen, die ich ihm gar nicht erteilen wollte. Hanks Worte gaben mir die Kraft, die ich dazu brauchte.

Todd saß auf der hinteren Veranda. Sein Radio spielte, und er hatte seine Hände tief in den Taschen seines Anoraks vergraben. Meine Beine schmerzten, als ich aus dem Truck stieg und langsam zu ihm hinüberging.

Ich setzte mich neben ihn. »Junge, würdest du für einen Moment deine Kopfhörer abnehmen?«

»Klar, Dad.«

»Hayley hat angerufen.«

»Ich weiß, ich hab einen Job. Geht Montag los.« Er lächelte mich an und wollte schon wieder seine Kopfhörer aufsetzen.

»Todd, würdest du bitte deine Kopfhörer unten lassen? Ich dachte, wenn du jetzt eine eigene Arbeit hast, könnte es hier ein bisschen einsam für mich werden.«

»Ja, du verlierst deinen Helfer, nicht wahr?«

»Ist das für dich in Ordnung?«

»Klar«, sagte er. »Das Tierheim zahlt besser als du.« Er wollte wieder seine Kopfhörer aufsetzen. Ich streckte meine Hand aus und fasste ihn am Handgelenk. »Todd, du weißt doch, dass ich immer gedacht habe, dass Hunde mir kein Glück bringen?«

»Ja«, antwortete er.

»Seit Christmas denke ich das nicht mehr.«

Todd lächelte. »Da habe ich einen guten Hund ausgesucht, oder?«

»Ich habe mir gedacht, dass ich vielleicht auch einen Hund brauche. Einen neuen Helfer. Was meinst du?«

»Klar«, sagte er. »Aber nur, wenn du vorher dein Zimmer aufräumst.« Er kicherte, und ich knuffte ihn scherzhaft in den Arm.

»Todd, ich habe mir gedacht, dass Christmas vielleicht ein guter Hund für mich wäre. Was meinst du?«

Er sah mich mit vollkommen ausdruckslosem Gesicht an. Er sah aus, als hätte ihn der Blitz getroffen und jede Mimik eingefroren. Dann sprang er auf. »Ich hole die Leine! Du holst die Schlüssel!«

»Ich hole auch das Halsband!« Ich stieß die Hintertür unseres Hauses auf und suchte Mary Ann. Sie bearbeitete ein armes, wehrloses Stück Teig mit einem Nudelholz. Irgendwie hatte ich das Gefühl, als würde sie eigentlich mein Gesicht und nicht die Unebenheiten im Teig bearbeiten.

Sie drehte sich zu mir um und fragte knapp: »Was gibt's?«

Todd drängelte von hinten und steckte seinen Kopf unter meinem Arm durch, sodass ich ihn im Schwitzkasten halten konnte. Ich drehte seinen Kopf vorsichtig zur Seite, damit er seine Mutter ansehen konnte. »Erzähl deiner Mutter, was wir beschlossen haben.«

»Dad braucht einen Hund, Mom, weil ich einen Job habe und ihm jetzt nicht mehr so viel bei seiner Arbeit helfen kann.«

Mary Ann sah uns beide skeptisch an und versuchte herauszufinden, was wir im Schilde führten. »Wirklich?«, fragte sie. »Und wann ist das passiert?«

»Gerade eben«, antwortete Todd.

Ich verstärkte ein wenig den Griff meiner rechten Hand, strich Todd scherzhaft über die Rippen und fragte: »Schaffst du es, Mom zu erzählen, welchen Hund wir holen wollen, wenn ich dich kitzle?« Ich bearbeitete seine Rippen wie eine alte Gitarre.

Todd lachte, krümmte sich und japste: »Dad möchte Christmas haben, Mom. Christmas wird jetzt Dads Hund.«

Zum zweiten Mal an diesem Tag kamen Mary Ann die Tränen, aber diesmal lag sie mir in den Armen und ich fühlte ihre süßen Küsse. »Oh, George, du hast endlich verstanden, dass eigentlich du den Hund brauchst, nicht wahr?«

»Ja, es geht um mich.«

»Also, was steht ihr dann noch hier herum? Fahrt in die Stadt!«

Ich nahm einen großen Schluck Wasser aus einem Zinnbecher, die ich immer neben dem Spülbecken stehen habe, grinste Mary Ann an und schob Todd zur Tür hinaus.

ZWÖLF

Mr Conner hielt es für unwahrscheinlich, dass es sich bei dem Hund im Fernsehen um Jake handelte. Aber er hätte es sich nie verziehen, wenn er nicht die einstündige Fahrt nach Cherokee County unternommen hätte, um es herauszufinden. Seine Kinder und Enkelkinder versicherten ihm, dass sie Jake erkannt hätten und jeder Irrtum ausgeschlossen wäre. Mr Conner erklärte den Kindern, dass Cherokee County mehr als sechzig Meilen entfernt war und Hunde normalerweise nicht so weit von zu Hause fortliefen. Mr Conners Kinder schworen bei allem, was ihnen heilig war, dass es sich um Jake handelte. Er hielt das für Wunschdenken. Schließlich, so erklärte er ihnen, gab es ja viele schwarze Hunde. Aber er beschloss, der Sache nachzugehen, schon um seine eigene Neugierde zu befriedigen. Und im schlimmsten Fall hätte er eben eine ruhige Landpartie umsonst gemacht.

Conner lächelte und dachte an den alten Hund. Wie es schien, meinte Jake es diesmal ernst. Er hatte es als Held einer guten Sache ins Fernsehen geschafft. Welcher andere Hund konnte das von sich behaupten? Er dachte über

Jakes neue Pflegefamilie nach und fragte sich, warum sie ihn wohl ins Tierheim zurückgebracht hatten. Die Leiterin des Tierheims hatte ihm gesagt, dass die Familie, die Jake über Weihnachten aufgenommen hatte, sich erst über einiges klar werden müsste, bevor sie sich endgültig für den Hund entscheiden könnten. Wenn sie Jake nicht haben wollten, könnte er den Hund nach siebzehn Uhr, wenn das Tierheim geschlossen hatte, zurückfordern. Hayley hatte ihm gesagt, dass er zwischen fünf und halb sechs kommen könnte, weil das Personal dann noch die Tiere füttern und alles für die Nacht vorbereiten würde.

Hayley hatte außerdem berichtet, dass es noch eine weitere Familie gab, die sich für Jake interessierte. Wenn es sich wirklich um Jake handelte, hätte er aber als früherer Besitzer die älteren Rechte. Mr Conner sah auf seine Uhr. Er war früh dran. Das machte ihm nichts aus. So konnte er sich den Hund zuerst noch ansehen und sich davon überzeugen, dass es wirklich Jake war. Und wenn es nicht Jake war, dann würde er noch vor Einsetzen des Feierabendverkehrs wieder zu Hause sein.

Mr Conner holte einen alten braunen Ford Pick-up ein, der viel zu langsam fuhr. Er setzte den Blinker und überholte. Er dachte darüber nach, welche Entfernungen hier wohl zwischen den Farmen lagen, und fragte sich, wie die Leute vom Land ohne Supermarkt, Videothek, Coffeeshop, Wäscherei und Feinkostladen in der Nähe auskommen konnten.

Gegen halb fünf erreichte Conner den Amtssitz von Cherokee County, eine kleine Stadt namens Crossing Trails. Er schmunzelte, als er sah, dass die Hauptstraße tatsächlich »Hauptstraße« hieß.

Conner sah auf dem Stadtplan nach, in welche Richtung er fahren sollte, und entschied schnell, dass er durch den Ortskern fahren und dann nach Süden auf die Prairie Center Road abbiegen musste. Als die Ampel auf Grün schaltete, fuhr er an und versuchte, die verwitterten Straßenschilder zu entziffern. An der Prairie Center Road bog er rechts ab, und nach wenigen hundert Metern wich der betonierte Straßenbelag einer Schotterstraße. Er sah wieder auf seine Uhr. Es war zwanzig Minuten vor fünf. Er folgte der Schotterstraße durch eine heruntergekommene Wohngegend und erreichte schließlich ein altes Gebäude, das deutlich als Cherokee-County-Tierheim ausgewiesen war.

Es war so weit. Er würde die Wahrheit über diesen Hund herausfinden. Conner nahm seine Brieftasche und seine Schlüssel, ging zum Eingang, öffnete die Tür und sah sich dann im Empfangsbereich, der mit alten Büromöbeln vollgestellt war, nach jemandem um, der ihm weiterhelfen konnte. Als er niemanden entdeckte, stieß er eine Schwingtür auf und stand nun in der Halle, wo die Tiere gehalten wurden. Zwei Mitarbeiterinnen des Tierheims schienen eine heftige Diskussion zu führen. Conner ging zu ihnen und wartete auf eine Gesprächspause, um sein Anliegen vorzubringen.

DREIZEHN

»Todd, diesmal fährst du in die Stadt«, sagte ich und gab Todd die Autoschlüssel. »Jetzt, wo du einen Job hast, musst du mehr Fahrübung bekommen, damit du selbst zur Arbeit fahren kannst. Ich kann dich nicht jeden Tag hinbringen.«

»Bist du sicher?«, fragte er.

»Warum nicht? Jetzt, wo du ein hoch bezahlter Beamter bist, verdienst du vielleicht sogar genug Geld, um dir ein eigenes Auto zu kaufen.«

»Müssen wir den ganzen Weg im ersten Gang fahren?«

»Nein, sobald wir über den ersten Hügel gefahren sind und deine Mutter uns nicht mehr sehen kann, schaltest du hoch in den zweiten.«

Es war wahrscheinlich nicht der ideale Zeitpunkt für eine Fahrstunde. Aber in meiner Begeisterung über Todds Fortschritte handelte ich überstürzt, obwohl ich es besser hätte wissen sollen. Sicher, ich hatte Todd schon vorher manchmal auf dem Highway ans Steuer gelassen. Trotz der Einwände seiner

Mutter hatte er vor ein paar Jahren seinen Lernführerschein bekommen, hatte aber nie den uneingeschränkten Führerschein gemacht. Allerdings war es schwierig für Todd, sich gleichzeitig auf die Angelegenheit mit dem Hund und aufs Fahren zu konzentrieren. Mehr als einmal musste ich ihm ins Lenkrad greifen, damit er nicht auf die Gegenfahrbahn geriet.

»Todd, ich glaube, wir müssen das noch üben.«

»Findest du, Dad?«

»Es ist sehr wichtig, Todd, dass du auf deiner eigenen Spur bleibst.«

»Hinter mir fährt jemand, Dad.«

Ich drehte mich um. Tatsächlich hatte ein roter Ford beschlossen, just an diesem Tag ebenfalls über den Highway zu fahren. Ich winkte ihn vorbei, und er überholte uns und war bald aus unserem Blickfeld verschwunden. Er hatte ein fremdes Kennzeichen und fragte sich sicher, warum um alles in der Welt wir so langsam fuhren.

Als wir durch Crossing Trails kamen, hielt Todd vorbildlich an der Ampel und bog dann Richtung Tierheim ab.

»Das machst du sehr gut, Todd. Ich finde, dass du ein guter Fahrer bist. Sehr sicher. Deine Mutter wäre sehr stolz auf dich, und ich bin es auch.«

»Hatte noch nie einen Unfall«, stellte er stolz fest.

Ich versuchte, ernst zu bleiben und sagte: »Stimmt, du bist wirklich ein As. Mach weiter so, okay?«

Auf dem Parkplatz standen nur wenige Autos. Aber zwei Dinge beunruhigten mich. Zum einen parkte dort der rote Ford, der uns überholt hatte, und zum anderen hatte man einen großen Bauwagen am Rand des Grundstücks abgestellt.

Todd hatte keine Probleme, den Truck zu parken. Es war Viertel vor fünf, wir hatten es also noch rechtzeitig geschafft. Wir traten durch die Eingangstür. Als wir niemanden sahen, gingen wir weiter in den hinteren Bereich, wo die Tiere untergebracht waren. Wir sahen, wie Hayley mit Jennifer, einer Teilzeitkraft, diskutierte. Es musste etwas Unangenehmes vorgefallen sein, denn die beiden wirkten angespannt. Neben ihnen stand schweigend ein älterer Herr. Auch er sah nicht gerade erfreut aus. Wir liefen den Gang hinunter.

»Was soll das heißen, er ist weg?«, fragte Hayley gerade.

»Ich habe dir doch gestern gesagt, dass der Zaun repariert werden muss«, gab Jennifer zurück.

»Ja, und ich bin davon ausgegangen, dass du dich darum kümmerst!«

»Es war Feiertag, deswegen war es schwer, jemanden zu finden, der kommt und den Zaun repariert.«

Als die beiden Todd entdeckten, fing Jennifer an zu weinen und lief davon.

Mich überfiel ein ungutes Gefühl. »Was ist passiert?«, fragte ich Hayley.

»Der Zaun hat eine undichte Stelle. Ich vermute, Christmas hat sich hindurchgezwängt. Er ist weg.«

Unter diesen Umständen fragte ich mich, warum sie alle noch untätig herumstanden. »Habt ihr nach ihm gerufen? Sollen wir mit dem Truck losfahren und ihn suchen?«

Hayley schüttelte den Kopf. »Jennifer war seit halb drei draußen unterwegs und hat ihn gesucht und nach ihm gerufen. Sie war außer sich. Sie hat sich noch nicht mal getraut, mir Bescheid zu sagen. Er ist nun schon mehrere Stunden weg. Er kann inzwischen überall sein.«

Der fremde Mann trat vor und hielt etwas in die Luft. »Entschuldigen Sie, aber ist das der vermisste Hund?«

Wir starrten alle drei auf das Foto, das er in der Hand hielt. Der Hund darauf sah für mich aus wie Christmas.

»Das ist Christmas«, sagte Todd sofort.

Der Mann seufzte tief. »Als er bei uns lebte, haben wir ihn Jake gerufen. Wir haben sehr schnell gelernt, dass kein Zaun diesen Hund halten kann. Wenn Jake gehen wollte, ging er.«

»Jake?«, wiederholte ich.

»Das war der Name, den wir ihm gegeben haben.« Der Mann streckte seine Hand aus. »Bill Conner.«

Ich schüttelte ihm die Hand und stellte mich und Todd vor. »Wir haben ihn über Weihnachten aufgenommen und sind nun gekommen, um ihn endgültig mitzunehmen. Wir wussten nicht, dass er Ihnen gehört.«

»Jake ist ein Streuner. Ich glaube, er geht, wohin es ihm gefällt. Als er bei uns lebte, war er oft mehrere Tage hintereinander verschwunden. Er hatte wohl etwas zu erledigen. Und plötzlich war er dann wieder da.«

»So etwas hat er bei uns nie gemacht«, sagte Todd schnell. »Ich meine, das mit dem Ausreißen.«

Bill Conner schob seine Hände in die Taschen und sah Todd an. »So wie ich ihn kenne, ist er sein eigener Herr. Jake gehört niemandem. Früher oder später geht er immer, wohin er will. Man kann sich Jake nicht einfach aussuchen und dann denken, dass er einem gehört. Jake sucht sich seine Leute selbst aus. So ist das mit ihm. Es kann sein, dass Jake jetzt mit uns allen abgeschlossen hat.« Bill Conner lächelte und zuckte die Schultern, als wollte er sagen, dass er sich mit einer Wahrheit abfinden würde, auch wenn sie ihm nicht gefiel. »Jake hat eben neue Ziele.«

Für einen Moment schwiegen alle, bis Todd leicht verärgert herausplatzte: »Christmas war ein guter

Hund für uns.« Ich fand, dass das eine gewaltige Untertreibung war.

»Ich kann Ihnen gar nicht sagen, wir sehr mir das alles leidtut«, sagte Hayley. »Falls Christmas hier wieder auftaucht, rufe ich Sie beide an, und wir versuchen eine Lösung zu finden.«

Todd legte Hayley die Hand auf die Schulter. Wie um uns alle zu beruhigen, sagte er: »Keine Sorge. Christmas kann selbst auf sich aufpassen.«

VIERZEHN

Es fiel leichter Schnee, als wir aus dem Parkplatz des Tierheims bogen. Er blieb nicht lange auf dem Boden liegen, aber die grauen Wolken boten den passenden Hintergrund für meine Enttäuschung. Todd schien an meiner Schweigsamkeit zu merken, dass ich aufgebracht und beunruhigt war. Immer wieder versicherte er mir: »Keine Sorge, Dad. Christmas geht es gut.« Ich war erstaunt, dass Todd mit der ganzen Sache offenbar besser zurechtkam als ich.

Als wir nach einer langen, schweigsamen Fahrt zuhause in die Einfahrt bogen, wartete Mary Ann auf uns. Ich wusste nicht, wie ich ihr das alles erklären sollte, aber als ich ausstieg, umarmte sie mich und sagte nur: »Es tut mir leid, George.«

»Woher weißt du …?«

»Ich habe im Tierheim angerufen. Ich wollte dich daran erinnern, dass wir noch Hundefutter brauchen. Ich habe mit Hayley gesprochen, und sie hat mir alles erzählt.«

»Ist schon in Ordnung. Vielleicht ist es so am besten«, sagte ich. Dann holte ich das Halsband, die Leine und den gelben Tennisball von der Ladefläche des Trucks. »Ich schätze, das brauchen wir jetzt nicht mehr.« Ich warf die Sachen auf den Boden und stapfte über den Hof davon.

Todd wollte mir nachlaufen, aber Mary Ann rief ihn zurück. »Todd, komm mit mir ins Haus. Ich glaube, dein Vater möchte eine Weile allein sein. Er muss über manches nachdenken.«

Ich ging in den Schuppen. Der Melkschemel wartete in meiner Grübelecke auf mich. Mary Ann hatte Recht, ich war ein Narr gewesen, was diesen Hund anging. Ich hatte die ganze Sache falsch angepackt. Es war genau das passiert, was ich befürchtet hatte, aber diesmal war ich selbst daran schuld. Es war, als hätte ich bei meinem schlimmsten Albtraum Regie geführt. Jeder hat seine Schwächen, und wahrscheinlich hatte ich einfach kein Glück mit Hunden. Ich starrte auf Tuckers altes Halsband, das an der Wand hing, und beschloss, es in den Müll zu werfen. Das Thema Hund war für mich erledigt. Diesmal endgültig.

Wenn Bill Conner diesen Hund richtig einschätzte, dann spielte das alles keine Rolle. Dann war er dazu bestimmt umherzustreunen. Er würde immer dorthin laufen, wo es ihm passte. Ich bewunderte diesen Hund für seine Unabhängigkeit, aber ich konnte einfach nicht glauben, dass er von unserer Farm fortgelaufen wäre. Er hatte sich hier von Anfang an so wohl gefühlt. Wir hatten gut zusammengepasst.

Ich atmete tief durch. Zu allem Überfluss schmerzte mein Bein empfindlich. Ich verlagerte mein Gewicht und versuchte, eine bequemere Stellung zu finden, als ich etwas hörte. Pong … pong … pong. Mir spukte immer noch der Puma im Kopf herum, deshalb verkrampfte ich mich sofort wieder. Ehe ich das Geräusch zuordnen konnte, rollte mir ein gelber Tennisball vor die Füße, genau vor mein schmerzendes rechtes Bein. Ich wollte ihn schon aufheben und zu Todd zurückwerfen. Ich drehte mich zur Schuppentür um, aber es war nicht Todd. Dort im Türrahmen, mit den letzten Sonnenstrahlen im Rücken und berieselt von Schneeflocken, die zu tausenden wie winzige Fallschirmspringer auf seinem Fell landeten, stand ein Hund namens Christmas. Er wedelte mit dem Schwanz, und man hätte meinen können, dass er nie fort gewesen wäre. Ich schrie: »Komm her, alter Junge! Komm schon!« Er zögerte nur einen Augenblick, dann machte er einen Satz auf mich zu. Ich wollte gerade von meinem Schemel aufstehen, als er mich ansprang und umriss, sodass ich auf meinem Hinterteil landete. Er war außer sich vor Freude über das Wiedersehen. Ich umarmte ihn und vergrub mein Gesicht in seinem winternassen, winterreinen Fell. In diesem Moment war mein Grinsen sicher breiter als das von Todd, wenn er im Frühling die Hauswand anmalte oder das Flussufer erkundete oder Radio hörte. Ich konnte es nicht erwarten, meinem Sohn *meinen* Hund zu zeigen.

Ich schimpfte über mein verletztes Bein, das mir das Stehen schwer machte, und fragte: »Willst du Ball spielen?« Christmas wedelte mit dem Schwanz. Es war klar, dass er sich uns ausgesucht hatte, so wie wir ihn uns ausgesucht hatten. Ich warf den Ball mit aller Kraft durch die Schuppentür hinaus in die kalte Winterluft. Christmas bellte zweimal und flitzte dann hinaus in den Hof.

Mit großer Anstrengung stand ich auf. Mir fiel ein, dass mein Großvater den Schemel vor vielen Jahren an einem Nagel an die Wand gehängt hatte. Ich hob den Schemel auf und drehte ihn um. An der Unterseite war noch immer ein alter Lederriemen angenagelt. Ich fand auch den Nagel in der Wand und hängte den Schemel an seinen Platz, ehe ich ins Haus eilte, um meine guten Nachrichten mit Todd und Mary Ann zu teilen. Ich hoffte, dass ich den Schemel nun lange nicht mehr brauchen würde.

Ich lief zur Hintertür und schrie: »Mary Ann, Todd, kommt raus, schnell!«

Christmas kam um die Ecke geschossen, den Ball im Maul. Ich warf den Ball noch einmal, und Christmas verschwand wieder um die Schuppenecke außer Sichtweite.

Mary Ann und Todd rissen die Tür auf und stürzten besorgt heraus.

»Was ist los?«, fragte Mary Ann.

»Ich habe gerade herausgefunden, wie wir Christmas zurückbekommen können.«

»Wie?«, fragte Todd.

»Es ist ganz einfach. Ich werfe den Ball, und er bringt ihn mir.«

»Was?«, fragte Mary Ann.

Wie auf ein Stichwort kam Christmas um die Ecke geschossen, den Ball im Maul, und sprang auf die Veranda. Ich zuckte die Schultern. »Seht ihr? Es hat funktioniert.«

Christmas war wieder zu Hause, diesmal endgültig. Todds und Mary Anns Wiedersehen mit ihm war nicht weniger herzlich als mein eigenes, auch wenn Mary Ann nicht anders konnte, als ihn sanft an den Ohren zu ziehen und mit ihm zu schimpfen, weil er fortgelaufen war. »Noch nicht mal eine Nachricht zu hinterlassen. Schäm dich!«

Als sich die erste Aufregung gelegt hatte, rief ich Hank an und erzählte ihm, dass nun doch noch alles gut ausgegangen war. Ich dankte ihm, dass er mir den Kopf zurechtgerückt hatte. Er hatte noch eine weitere Überraschung für mich.

»George«, sagte er mit fester Stimme, die ich immer so an ihm bewunderte, »ich werde nicht jünger.«

»Das war mir noch nicht aufgefallen.«

»Es ist an der Zeit, dass ich mir überlege, welche Spuren ich mit meinem Leben hinterlassen will. Ich wollte dir nur sagen, dass ich eine Baufirma zum Cherokee-County-Tierheim geschickt habe. Das Gebäude ist ein Schandfleck, aber wenn ich damit fertig bin, wird es das nicht mehr sein.«

»Stimmt, Hank, wenn du etwas machst, dann machst du es richtig.«

Das also war die Erklärung für den Bauwagen auf dem Parkplatz vor dem Tierheim. Hank verlor keine Zeit, wenn es um die Hunde von Cherokee County ging.

Später an diesem Abend saß ich vor den verglimmenden Scheiten meines Kaminfeuers, legte meine Zeitung beiseite und schloss die Augen. Ich streckte die Hand aus, strich meinem Hund über das Fell und lauschte glücklich, wie sein Schwanz auf den Boden klopfte. Mir war, als hörte ich Mary Ann kichern: »Nun, George, wann ist Weihnachten vorbei?«

Ich lächelte in mich hinein, streichelte weiter den Hund und flüsterte meiner Frau, meinen Kindern und der ganzen Welt zu: »Solange es noch Raum in der Herberge gibt, ist Weihnachten nicht vorbei.«

ANMERKUNG DES AUTORS

In der Woche vom 17. Oktober 2002 wurde auf dem Highway nahe Kansas City ein Berglöwe getötet. Nach Meinung eines Experten hatte er nie in Gefangenschaft gelebt. In dieser Gegend werden immer wieder Raubkatzen gesichtet.

DANKSAGUNG

Als Anfänger in diesem Geschäft war mir nicht klar, wie viel Hilfe ich brauchen würde, um das Ziel zu erreichen, oder auch nur abzuschätzen, wie weit dieses Ziel entfernt war. Ein Buch wie dieses hat nicht nur einen Autor. Jeder Satz auf jeder Seite ist das Ergebnis von Zusammenarbeit.

Diese Geschichte nahm ihren Anfang vor beinahe zehn Jahren in Form von fünf getippten Seiten, die ich an Weihnachten meiner Familie und ein paar guten Freunden vorlas. Sie boten mir Unterstützung und Rat an, was zu einer längeren Version am nächsten Weihnachtsfest führte. Sie ermutigten mich zu dem Versuch, das Manuskript zu veröffentlichen. Mit der tatkräftigen Hilfe von Jean Lucas, einer freiberuflichen Lektorin aus dieser Gegend, reichte ich die Geschichte beim Magazin *Capper's* ein, und im Herbst 2003 wurde sie dort als Kurzgeschichte veröffentlicht. Einige Jahre später, als ich die Kurzgeschichte zu einem Roman ausgearbeitet, aber diesen noch nicht veröffentlicht hatte, begegnete ich Jonathan Clements und Taylor Joseph von der Nashville Agency. Sie hatten die Idee, meine Geschichte als Geschenkbuch zu Weihnachten herauszubringen. Mit ihrer Hilfe landete der verlängerte Text auf dem Schreibtisch von Andrew Corbin von *Doubleday*. Andrew war von Anfang an vom Konzept der Geschichte begeistert, schlug mir aber ein paar Änderungen vor. Ausgerüstet mit einigen ausgezeichneten Ideen von Andrew machte ich mich ans Werk. Einen Monat später gab ich die überarbeitete Version bei Doubleday ab und wartete nervös auf Andrews Rückruf. Er meldete sich kurze Zeit später und meinte etwa Folgendes: »Tolles Buch, aber kannst du es auf die doppelte Länge bringen?«

Ich machte mich wieder an die Arbeit. Glücklicherweise gab mir Andrew auch diesmal Hilfe mit auf den Weg. Bei Becky Cabaza fand ich professionelle Unterstützung. Sie nahm mich sozusagen an meiner dichterischen Hand und führte mich zur Endfassung dieses Buches. Sie half mir dabei, eine noch bessere Geschichte daraus zu machen und verlangte gnädigerweise keine zusätzlichen Seiten mehr von mir. Vielen Dank an Jean, Jonathan, Taylor, Becky und all die anderen hervorragenden Leute von Doubleday, dass sie dieses Buch möglich gemacht haben.

Als ob all das noch nicht Hilfe genug gewesen wäre, haben auch noch andere Leute zum Gelingen dieses Projektes beigetragen. Mein guter Freund und Geschäftspartner Joe Norton verbrachte Stunden damit, die einzelnen Versionen zu lesen, und stand mir mit seinen Ideen und tatkräftiger Unterstützung zur Verfügung. Mein Vater Rod Kincaid und meine Kanzleiassistentin Martha Huggins kümmerten sich um die Details, die mir allzu oft entglitten. Ganz besonders möchte ich meiner Frau Michale Ann dafür danken, dass sie sich nur mit meiner Höchstleistung zufriedengab.

Diese Geschichte hat ihre Wurzeln in meiner Herkunft von einer Farm in Kansas. An alle, die mir vorausgegangen sind und das hier möglich gemacht haben, geht mein Dank. Liebe Leserinnen und Leser, ich hoffe, dass Sie beim Lesen dieses Buches ebenso viel Spaß hatten wie ich beim Schreiben.

Greg Kincaid,
Olathe, Kansas

BESONDERER DANK

Besonders danken möchte ich dem Olathe-Tierheim und dort vor allem Todd Kuhn, Carol Falkner und Carols Hund Maggie. Maggie war früher im Tierheim untergebracht und lebt nun bei Carol. Während ich an dieser Geschichte arbeitete, besuchte ich mehrere Tierheime und war jedes Mal vom Engagement der Mitarbeiter und der dankbaren Aufmerksamkeit, die ich von so vielen wunderbaren Hunden erhielt, beeindruckt. Mein Dank gilt daher auch allen Hunden, die mir ihre Geschichte erzählt haben.